U0920111

男人，一定要讲逻辑

Men

are logical animal

于雷 著

Wuhan University Press
武汉大学出版社

前　言

我们都知道，如果没有逻辑，这个世界就会混乱。无可否认，由于生理和社会需求等方面的差异，男人承担着更多的社会交往与责任，这就要求男人尤其需要有逻辑。

一般来说，有逻辑的人会比较理智。一个男人如果太不理智很少会有女人喜欢，因为男人不理智会让人觉得做事不稳妥，是不够成熟的表现。但是，一个女人如果不讲逻辑，有时倒会显得无比可爱，独具魅力。

就像恋爱中，如果女人满脸庄重地对男人说“你是个好人”时，这就意味着你们俩要“吹”了；而当她一脸灿烂笑着对男人说“你是个大坏蛋”时，那离洞房花烛的日子就不远了。

当然，这么说并不是说女人就没有逻辑，而是男女的偏向不同。大多数情况下，男人依靠逻辑解决问题，而女人依靠直觉。因为女性天生偏向于感性，而男性则多偏向于理智。

男人凡事喜欢较真，讲究有头有尾，有因有果，有来有往。男人看世界，往往靠理智、靠经验、靠分析推理。比如打扑克，女人往往想一把两把出完拉倒，大不了输了重来。男人却不一样，算来算去，非要算清楚对方手里剩下什么牌，该怎么出牌才能赢，否则绝不会善罢甘休。

那么，逻辑究竟是什么呢？

逻辑是一种可以帮助人们正确思维和认识客观事物的能力。逻辑思维能力除了有效运用数字和推理能力外，还包括分类、概括、推论和假设印证的能力，逻辑和推理、模式、可能性以及科学的分析，以及建构问题、发现问题的高超技巧。

说话做事有逻辑，可以让男人更容易正确思考、明辨是非、沟通交流、理解他人，也能因此而更容易获得成功。

从本书开始，认识逻辑、学习逻辑，从而最终成为逻辑高手吧！男人，一定要懂逻辑！

目 录

CONTENT

第一章
逻辑是什么

1.1 生活中处处是逻辑

我们这里要讲的逻辑并不是黑格尔哲学中的大逻辑、小逻辑，而是我们日常生活中所讲的“逻辑”，也就是人在推论和证明某件事时的思想过程，在哲学中对此有一个专门的名词：形式逻辑。以下一律按照我们日常生活中的习惯简称其为“逻辑”。

“逻辑”最早作为一种推理方法得到明确的分析和研究是在两千六百多年前的古印度，如佛教因明学；接下来是两千四百多年前春秋战国时期的中国，如墨子。但这两个逻辑系统都由于种种原因没有对现今的逻辑学产生太大的影响。现代形式逻辑学的基础是由两千三百多年前古希腊的亚里士多德奠定的。

随着社会经济文化的发展，理性思维和科学精神开始渐渐成为主流，于是“逻辑”一词的曝光率也逐渐升高。因为“逻辑”除了是辩论和讲理的工具外，还和人们社会生活的各个方面都有着密切的关系。

我正在街上走，忽然想起下午三点要去见一个人，但这时已经两点了。我该怎样在一个小时内赶过去呢？坐公交车怎么样？但我不知道从这里过去要坐哪一路车，而且公交车速度比较慢，不一定能及时赶到。那么坐出租车？现在并不是交通高峰时段，应该半小时就能到，但是出租车挺贵的。有没有更好的方式呢？对了，目的地那里有个地铁站，而这附近也有个地铁站，我可以坐地铁，这样既可以按时赶到目的地，又不用花太多钱。

再比如，我正在看电视，突然电视机屏幕黑了。我先试着按了按遥控器，发现电视机没反应。会不会是遥控器坏了呢？我又试了下电视机上的开关，还是没反应。难道是电视机坏了？我又想到还有其他可能性，比如停电了。于是我去按房间电灯的开关，发现电灯不亮，说明不是电视坏了，而是屋里没电了。我查看了一下电表，知道并不是电用完了或者跳闸。就此我得出结论，很可能是整栋楼甚或整个小区停电了。我打电话给供电局，得到了“整个小区因意外事故停电”的答复。

这就是在日常生活中我们每天都会经历的逻辑推理过程。无论是思考今天中午吃什么，还是决定周末去哪里玩，我们都会从自己已经掌握的信息出发，或多或少地进行逻辑思考，最终得出结论。

有一次，爱因斯坦考他的学生：“两个人从烟囱里爬进来，结果一个人的头发上满是烟灰，另一个却干干净净的。你认为这两个人谁会去洗头？”

“当然是头发上有烟灰的那个。”学生不假思索地答道。

爱因斯坦却说道：“不一定。那个人看不见自己的头发，他看见对方干干净净的，以为自己也很干净；而干净的那人看到另一人头发脏了，会以为自己头发也弄脏了。所以很可能是干净的那人先去洗头。”

当我们注重逻辑推理后，往往能透过事物的表象，看出问题复杂的一面。这有助于我们正确地认识问题和解决问题，甚至可能成为我们成功的关键。

一天，有两个探险者在草原上旅行，突然发现远处有只狮子正往这边跑来。两人顿时惊慌失措，但其中一个人很快冷静下来，迅速从背包里翻出了一双跑鞋。

另一个人不解地问道："你换鞋有什么用？你以为人类能跑过狮子？"

那人边换鞋边答道："我确实跑不过狮子，我也没想跑过它。但狮子的目的是能找到吃的，所以我只要跑过你就好了。"

在工作和生活中，人们最常用的交流方式是语言。而很好地掌握逻辑的人不但可以提高语言交流时的效率，有时也能巧妙地利用逻辑开些小玩笑。

有次，一位记者看见美国总统林肯在自己擦皮靴，便非常吃惊地赞扬道："总统先生，您真是太伟大了，您经常擦自己的皮鞋吗？"

"是呀。"林肯答道，"那么平时你擦谁的皮鞋呢？"

记者本来是赞扬"林肯作为总统能做到自己擦皮鞋"，可是林肯巧妙地利用记者话语中逻辑过程的省略，把记者赞扬的内容偷换成"林肯擦自己的皮鞋"，从而达到幽默的效果。

世界上很多事物之间或多或少都有一定的联系，我们可以从这些联系出发，运用逻辑推理出一些我们所未知的信息。

一天中午，杰克坐在路边一家咖啡店里喝着咖啡。一位衣着讲究，颇有绅士风度的人坐到了他的对面，两人就这样聊上了。聊了一会儿，杰克觉着面前的这人谈吐不俗，便问道："请原谅我的冒昧，我觉得阁下不是个普通人，不知道您是从事什么工作的？"

对面那人答道："我是个逻辑学家。"

杰克没听说过这个职业，便继续问道："噢，那是干什么的？"

逻辑学家答道："我举个例子你就能明白了。你家里养了宠物吗？"

杰克道："嗯，我家养了一些金鱼。"

逻辑学家道："那么按照逻辑，你一定把那些金鱼放在鱼缸或者池塘里，对吗？”

杰克道：“是啊，那些金鱼我养在自家的池塘里。”

逻辑学家点头道：“既然你家里有池塘，那么依照常理，你家的花园应该很大。”

杰克道：“是的，我家确实有一个大花园。”

逻辑学家继续说道：“从逻辑上进行推论，你有一个大花园，就必然有一座很大的房子。”

杰克惊喜道：“没错！我家确实是有很多房间的大房子。”

逻辑学家道：“既然如此，那么大的房子不会是你一个人住的，从逻辑上说，你很可能是有家室的人了。”

杰克跳起来道：“太对了！我已经结婚了，我和我妻子还有几个孩子生活在一起。”

逻辑学家说道：“好了，我从你家里养了金鱼，一步步推理出你已经结婚了。这就是逻辑，我就是做这工作的。”

这个故事中的逻辑学家从简单的前提出发，利用逻辑和常理，一步步推理出杰克的生活细节，这就是逻辑的力量。但是利用逻辑研究这些联系的时候是要遵循一定条件和规则的，这样才能保证推理的过程是正确的。如果不遵守这些规则，就会变成胡乱联系，最后很可能变成了笑话。

接着刚才的故事。

杰克听完逻辑学家的话后，说道：“我明白了，逻辑真是令人印象深刻。不过这不是很简单的事情吗？一学就会的东西，需要研究什么呢？”

逻辑学家笑道：“这么说，你已经学会了？”

“是啊。不信的话，我也逻辑推理给你看。”接着，杰克问道，“你家里养宠物了吗？”

逻辑学家答道：“没有，我从来没有养过宠物。”

杰克道：“那么，按照逻辑，你一定还没有结婚。”

在这个笑话里，杰克只看到逻辑表面的推理过程，而没有意识到在这个推理过程中所蕴含着的规律，于是从一个人没有养宠物就荒唐地“推理”出对方没有结婚的结论来。

那么逻辑需要遵循什么样的规律才能避免出现荒唐的推理结论呢？主要是以下四个：

同一律：事物只能是其本身。

排中律：对于任何事物在一定条件下的判断都要有明确的“是”或“非”，不存在中间状态。

充足理由律：任何事物都有其存在的充足理由。

矛盾律：在同一时刻，某个事物不可能在同一方面既是这样又不是这样。

有些人可能在看到这些难懂又拗口的说明时已经开始打退堂鼓了，不过相信在看完下面对这四条规律更详细的解释后，大家就会发现，其实这四条规律简直就是所有人都明白的四条“常识”，只是人们常常会在不知不觉中违反这些“常识”，从而导致出现一些错误的结论。

1.2 同一律：你就是你

所谓同一律：就是指事物只能是其本身。在同一个思维过程中，必须在同一意义上使用概念和判断，不能混淆不相同的概念和判断。同一律包括以下几方面的内容：对象的同一、概念的同一、判断的同一。同一个主体在同一时间，从同一方面对同一事物做出的判断必须保持同一。同一律是一条思维的规律，在同一时间，同一方面，对同一个问题，所做出的肯定与否的判断。

简单地说，同一律就是要求人们的思想必须具有确定性和前后一致性。世界是丰富多彩的，每一个物体都是独一无二的，每一个物体都是它自己本身。苹果就是苹果，它不是香蕉；橘子就是橘子，它不是桃子。也就是人们常说的“一是一,二是二”，“丁是丁，卯是卯”。在同一个论题中不要张冠李戴，或者偷换概念。这听起来是件很简单的事，但人们常常在不经意间就违背了这个规律，造成了论述的无逻辑。

一对情侣在吵架，男孩说道："你太挥霍了，总是有各种高价的物质需求。难道你是把爱情当作商品来卖的吗？"

女孩答道："这有什么？俗话不是说'生命诚可贵，爱情价更高'吗？我爱情的价格低了行吗？"

很明显，女孩口中先后两个"价"并不是同一个意思。"爱情价更高"的"价"是"价值"的"价"，是在赞美真正的爱情要比自身的生命还要宝贵，而"价格"的"价"是指金钱的多少。但是这个女孩却故意将两者混同起来，偷换了前后概念，违反了同一律，因而出现逻辑错误。

同一律要求的是同一思维过程中的概念统一，我们来看下面的例子。我们将人们对某个事物的描述用 A=0/1 来表示。其中 A 表示要描述的事物，而 0 和 1 表示对同一事物的不同描述。有以下三个场景：

第一个场景：

甲说：A=1。

乙说：B=0。

第二个场景：

甲说：A=1。

乙说：A=0。

第三个场景：

甲说：A=1。

甲说：A=0。

在第一个场景中，甲和乙两人说的不是同一事物，论述互不搭边。就像一个人在说"今天天气很好"，而另一个人在说"早餐的豆浆真好喝"。两者并不是同一个思维过程，这就是违反了同一律。

在第二个场景中，甲乙两人都在对A事物进行描述，但是两者的判断不一样，就如同甲说“豆浆不好喝”，乙说“豆浆很好喝”。这有没有违反同一律呢？这就要看具体的内容了。如果两人说的“豆浆”是泛指，那就只是两人对同一事物的判断不一样而已，并不违反同一律。但如果甲说的豆浆是今天早上的豆浆，乙说的豆浆是昨天早上的豆浆或者是泛指豆浆，那么两人对“豆浆”的定义不同，也就违背了同一律。

在第三个场景中，同一个人对同一事物的论述前后不同。当然，同一律只要求思维的确定性，不否认思维的发展变化，也不要求客观事物保持绝对不变。但在这里，如果甲所说的A是指同一个事物的同一阶段，而他又是在同一个论述过程中说的这两句话，那么他就违反同一律了。

同一律的反面是偷换概念，就是把一件事物的本来含义在言语间偷偷换成另外一种看起来也能成立的解释，从而达到混淆是非的目的。“偷梁换柱”、“以假乱真”等成语都是这个意思。

事例一：王先生喜欢连夜聚众打麻将，隔壁的赵先生不胜其扰。一天，赵先生敲开王先生的门抱怨道：“你们半夜打麻将很打搅别人休息。”王先生却答道：“你说我们打搅的是别人，又没有打搅你，关你什么事？”

事例二：老板看见一位员工站在公司的走廊里偷偷吸烟，就上去说道：“工作时间不准吸烟。”员工不以为然地答道：“对啊，所以我吸烟的时候不工作。”

事例三：小陈从小喜欢看武侠剧，总想自己能像里面的侠客那样劫富济贫。一天，他潜入一个有钱人家里偷了一笔钱，然后把这笔钱偷偷放到了穷人家里。小陈得意洋洋地把这事告诉了小东，小东却说道：“你这样做是违法的！”小陈道：“不，我没有，我这是正义的行为。”

这三个事例都是我们生活中会遇到的违反同一律偷换概念的典型。在第一个事例中，王先生把赵先生口中“(打麻将以外的)别人”偷换成“(赵先生以外的)别人”。在第二个事例中，员工把“(公司的)工作时间”偷换成“(我正在工作的)工作时间”。在第三个事例中，小陈把小东所讨论的“违法与否”偷换成了“正义与否”，然后以“正义”来为自己辩护。

同一律可以说是对人们思维活动所提出的最基本要求。如果一个人在思考问题或表达思想时违反了同一律，那么他的论述就肯定是不明确或含混不清的，也就会使听者无法理解，更谈不上使人信服了。

一位学者在讨论人们需不需要学习地理时是这样论述的：“我认为我们没有必要学习地理。某个国家的位置和地形完全可以和这个国家的历史同时学习。我主张把历史课和地理课合并，这样有利于人们的学习。因为，这样做所占的时间较少，而获得的效果却很好。否则就会给人这样的印象：这个国家的地理归地理，而它的历史归历史，不能互相联系起来。”

这位学者在最初提出的话题是“我们没有必要学习地理”，而随后所论述的却是另一个论题“把历史课和地理课合并”。不难看出，他把后一个论题与前一个论题混淆起来了，用后一个论题去偷换了前一个论题。这就是没有遵守同一律而造成的逻辑错误，这种论述自然也就没有任何说服力。

反过来，如果我们不能觉察出对方违反了同一律，就可能会陷入对方的诡辩陷阱。

一个青年到智者那里去学习，智者为了给这个青年一个下马威，一开始就提出了这样一个问题：“你想学习的是已经知道的东西还是不知道的东西？”

这个青年觉得很奇怪，但也不敢怠慢，就回答道：“我想学习的是不知道的东西。”

于是智者又同这个青年进行了一连串的问答。

“你认识字吗？”

“我认识。”

“你是通过读书来学习的吗？”

“是的。”

“书上的字你都认识吗？”

“大部分都认识。”

“那么，你只在遇到不认识的字时才学习吗？”

“不是，读那些认识的字时我也在学习。”

“那么，如果你认识那些字，就是在学习你已经知道的东西了。”

“是的。”

“那么，你最初的回答就不对了。”

“……”

这个青年就这样被智者搞晕了。

在这个故事里，智者故意违反同一律，偷换了“读认识的字”和“学习知道的东西”这两个概念。而那位青年因为没有识别智者的花招，被弄得头昏脑涨。有个流传很广的故事也很有启发性：

一位员工去找老板想请一天假。老板拿出一张纸，说道：“我先给你算一笔账，算算你这一天假到底从哪里出。”

老板边写边说道：“全年一共是 365 天。一年有 52 个星期，每星期你休息两天，这就是 104 天，一年还剩下 261 天的工作时间。

“你每天在公司 8 小时，另外 16 个小时不在公司，这样就又用去了 174 天，一年中你在公司的时间还有 87 天。

“每天在公司你有 30 分钟的休息时间，这一年下来就是 23 天，剩下的工作时间还有 64 天。

“每天午餐时间是 1 个小时，又用去 46 天，剩下的工作时间就只有 18 天了。

“今年你已经请过两天病假了，那你剩下的工作时间还有 16 天。

“今年的法定节假日是 5 天，你能工作的时间就只有 11 天了。

“今年我们公司还放了 10 天的年假。你看看，你今年能工作的时间就只有 1 天。现在你还要来请一天的假？”

这位员工被老板说得灰头土脸，虽然总觉得哪里不对，但又说不出来，只好回去继续工作了。

这里老板多次地违反同一律，连续偷换“天”的概念。在算到还剩“87 天”时，这个“天”已经不是自然界的“一天”的概念了，而是老板自己创造的以在公司累计满 24 小时算“一天”的概念。而在后面的计算中，老板多次混淆这两种“天”的概念，最后得出了员工今年只为公司工作了一天的结论。员工没能当场识破老板的逻辑漏洞，也就没法顺利地请到一天的假期。

类似以上智者和老板的诡辩在现实中有很多，有些也很有迷惑性，需要具备一定的逻辑基础才能识破其中的逻辑漏洞。同样，一些让人百思不得其解的“悖论”也是因为违反了同一律而造成的。

“这句话是假的。”

这句话到底是真话还是假话？这是非常著名的一个逻辑悖论，历史上因为这句话而进行的讨论不计其数。我们仔细分析就可以发现，导致悖论出现的原因和同一律有一定关系。

这句话本身的主语是“这句话”，谓语是“是”，宾语是“假的”。但是因为语言学的原因，我们在思考这句话的时候，还会这样思考：主语是“‘这句话是假的’这句话”，谓语是“是”，宾语是“假的”。即当我们思考的时候，会变成这样：“‘这句话是假的’这句话是假的。”悖论因此而产生。归根结底，这是因为命题涉及了对自身的判断，因而包含了两个互相矛盾的判断。逻辑学上把这一类命题统称为“自指性命题”，并有很多专门的研究。

因为同一律是一条基础的逻辑规律，所以有些艺术为了达到引人产生某种联想，或造成幽默讽刺的效果，便故意地违反它，在一些修辞上进行语义的转换。比如在相关联的上下文中使用可以表达不同概念的同一词语，并暗暗变换这个词语的含义。

甲："你知道周瑜的母亲姓什么吗？诸葛亮的母亲呢？张飞的母亲呢？"

乙："你这些问题历史书里都没有记载，谁知道？"

甲："我就知道。"

乙："那你说说。"

甲："周瑜他妈妈姓纪，诸葛亮他妈妈姓何。"

乙："你怎么知道的？"

甲："《三国演义》里不就有吗？'既生瑜，何生亮'这句话你知道的吧？纪氏生的周瑜，何氏生的诸葛亮，所以周瑜他妈妈姓纪，诸葛亮他妈妈姓何。"

乙："那张飞呢？他母亲姓什么？"

甲："姓吴。"

乙："这又怎么说？"

甲："不是都这么说吗？'吴氏生飞'（无事生非），吴氏生的张飞，所以张飞的母亲姓吴。"

在这个段子里，甲把"既然"的"既"、"为何"的"何"故意曲解为"姓纪"的"纪"、"姓何"的"何"，又把"无事生非"与"吴氏生飞"两个同音词混淆起来。这就是故意曲解原意，胡乱解释，以制造搞笑的效果。相声中经常会用到这样颠倒逻辑的手法，来制造"包袱"，赢得听众的笑声。比如下面这个发生在照相馆的经典相声段子：

甲：“小伙子，大娘我这么大岁数了，老胳膊老腿的，你再这样折腾我照相，我可不找你照啦！”

乙：“那您找谁照哇？”

甲：“我要找大夫照，看看骨头折没折。”

大娘说的第一句话里的“照”指的是在照相馆留影照相；第二句话中的“照”虽是同一个字，所指的却是到医院做透视X光。以巧妙转换同一个词语的含义，产生幽默的修辞效果。

1.3 排中律：错就是错

排中律首先可以看作是一种事物的内在规律，即任一事物在同一时间里要么具有某属性要么不具有某属性，没有其他可能。同理，排中律作为一种逻辑思维的规律，即对于任何事物在一定条件下的判断都要有明确的“是”或“非”，不存在中间状态。换言之，任何人不能在相同条件下同时既赞同一个命题又否定这个命题。

《墨经》中有这样的提法：“不可两不可”。“或谓之牛，或谓之非牛，不可两不可也”，这就是排中律的体现，因此，违反排中律的逻辑错误有时也被称为“两不可”。

甲：“你相信世界上有鬼吗？”

乙：“说世界上有鬼，这是迷信，我不同意；但要就此断定世界上没有鬼，这我也不同意，因为有些现象还真不好解释。”

上文中乙说的话就是典型的“两不可”，世上有鬼还是无鬼是两者必居其一的，但乙对“世上有鬼”和“世上无鬼”这两个互为否命题的命题同时都加以否定，这就违反了排中律。

对两个互为否命题的命题同时都否定，违反排中律；但对两个观点相反的命题同时否定，却不一定违反排中律。

甲：“你认为人是自私的吗？”

乙：“我不认为所有的人都是自私的；但我也不认为所有的人都不是自私的。”

上文中乙说的话就不违反排中律，因为“所有的人都是自私的”和“所有的人都不是自私的”虽然观点相反，但这两者并不互为否命题。“所有的人都是自私的”的否命题是“有些人不是自私的”；“所有的人都不是自私的”的否命题是“有些人是自私的”。

另外，排中律在古印度的逻辑系统中并不适用。因为古印度的逻辑系统中除了承认“是A”、“不是A”这两个状态外，还承认“既是A又不是A”和“既不是A又非不是A”这两种状态。

这不是说排中律错了，而是因为古印度逻辑里的“既是又不是”和“既不是又非不是”指的是事物在不同发展过程中或者不同前提条件下会呈现不同的特性，而排中律并不排除具体事物在其发展过程中有中间环节或者有多种状态和各种可能性。排中律只是要求事物在确定的阶段和确定的前提下，具有确定的属性，即使这种属性可能暂时并不能被人所认识。同时，排中律也不排除人们因为对事物的不确定而对某命题采取“二不择一”的态度。

甲：“你觉得人类是进步的吗？”

乙：“我觉得人类既是进步的又不是进步的。如果从进化的角度说，人类目前处于进化的顶端，是进步的；但人类并不完美，还有很多人性的缺点，所以人类又不是进步的。”

这里乙说的第一句话表面上违反了排中律，但他接下去的话表明，“既进步又不进步”是他在不同的前提下得出的结论，因此并没有违反排中律。乙只是对“进步”进行了不同的定义，从而得出“既是又不是”的看似违反逻辑的结论。

类似这种通过对标准进行不同的定义从而得出的看似矛盾的结论，在日常生活中我们经常能看到，比如“酒既是好东西又不是好东西”、“他既爱她又不爱她”，等等。

违反了排中律或者错误使用排中律也会导致一些奇怪的悖论，比如古希腊的芝诺所提出的著名的“飞矢不动”悖论：

> 一次芝诺问他的学生：“一支射出去的箭是运动的还是静止的？”
>
> 学生答道：“那还用说，当然是运动的。”
>
> 芝诺道：“的确如此，这是很显然的，这支箭在每个人的眼里都是运动的。但现在我们换个考虑方式，这支箭在每一个瞬间里都有它的位置吗？”
>
> 学生答道：“有的，老师，任何一个瞬间它都在一个确定的位置。”
>
> 芝诺问道：“在这个瞬间里，这支箭所占据的空间和它的体积一样吗？”
>
> 学生答道：“是的，这支箭有确定的位置，又占据着和它自身体积一样形状大小的空间。”
>
> 芝诺继续问道：“那么在这个瞬间里，这支箭是运动的，还是静止的？”
>
> 学生答道：“是静止的。”
>
> 芝诺道：“在这个瞬间是静止的，那么在其他瞬间呢？”
>
> 学生答道：“也是静止的。”
>
> 芝诺道：“既然每一个瞬间这支箭都是静止的，所以射出去的箭都是静止的。”

把芝诺的话精简一下就是：射出去的箭在任何一个时刻里都有一个确定的位置，所以在这个位置上它是静止的，而这支箭在所有的时刻里都是静止的，所以箭是不动的。这个结论初看起来似乎很有道理，但显然严重违背了我们观察到的现实。那么究竟错在了哪里呢？

答案是：他错误地使用了排中律。他认为箭在每一个时刻都不是“运动”的，根据排中律，箭在每个时刻就都是“静止”的。但实际上，“运动”和“静止”本来就是和时间有关的概念，脱离了时间流动单看某个时刻，这两个概念就没有意义了，或者至少和原本的意义不一样了。因此，箭在任何时刻都“静止”并不妨碍它在一段连续的时间里是运动的。

排中律的运用非常广泛，比如我们在论证过程中经常用的“反证法”、“枚举法”等。特别是那些“逻辑思维测验题”，都或多或少地运用到了排中律。

一位公主招亲，她为了考验求婚者的智慧，准备了金、银、铅三只匣子，并把带有自己肖像的首饰放在其中的一个匣子里。然后她让工匠在三个匣子上各刻了一句话。金匣子上刻的是：“肖像不在此匣子中”；银匣子上刻的是：“肖像在金匣子中”；铅匣子上刻的是：“肖像不在此匣子中”，公主把这三个匣子给求婚者看，并且声明，这三句话中只有一句是真话，只有正确推理出肖像在哪只匣子里的求婚者才算是通过了测试。

如果你是求婚者，你会选择哪一只匣子？

金匣子上刻着“肖像不在此匣子中”，银匣子上刻着“肖像在金匣子中”，这两句话互相是否命题，根据排中律，两句话必定有一句是真的。既然公主说三句话中只有一句是真的，那么铅匣子上的肯定是假的。而铅匣子上刻的是“肖像不在此匣子中”，因此肖像就在铅匣子中。

这个问题的解答过程就是“排中律”的典型运用。下面还有一些相似的趣题，你能利用排中律一一解答吗？

一户人家失窃了，警方询问了甲、乙、丙、丁四个嫌疑人，得到如下的回答。

甲说:“是丙偷的。”

乙说:“我没偷。”

丙说:“我也没偷。”

丁说:“如果乙没有偷,那么就是我偷的。”

现已查明,罪犯就是其中的某一个人,四个人中只有一人说了假话。那么到底谁是罪犯呢?

再看另一个趣题:

一个院子里住着四户人家,每家各有两个男孩。

这四对亲兄弟中,哥哥分别是甲、乙、丙、丁,弟弟分别是A、B、C、D。一次有位路人问:“你们究竟谁和谁是亲兄弟呀?”

甲说:“乙的弟弟不是A。”

乙说:“丙的弟弟是D。”

丙说:“丁的弟弟不是C。”

丁说:“甲乙丙三个人中,只有D的哥哥说了实话。”

如果丁的话是可信的,你能帮路人弄明白谁是谁的哥哥吗?

在第一个题目中,我们可以看出,甲和丙的话互相矛盾。根据排中律,两句话中一定有一句是假话。又因为已知条件说四个人中只有一个人说了假话,那么乙和丁的话就都是真话。乙没有偷,所以是丁偷的。

在第二个题目中,假设甲说了实话,那么甲是D的哥哥。其他人说的都是假话,所以丁的弟弟就是C,丙的弟弟不是D,也不是C,只能是A或B;而甲说,乙的弟弟不是A,根据排中律只能是B,这样丙的弟弟就是A了。

所以得出:甲—D,乙—B,丙—A,丁—C是亲兄弟。

1.4 矛盾律：利矛刺坚盾

“矛盾律”来自于战国时期的故事。

在集市上，有一个人正在叫卖自己的长矛和盾牌。他先夸自己的盾牌如何地坚固：“我的盾非常坚固，世界上没有什么东西能穿透它。”过了一会儿，他又开始夸他的矛是如何地锐利：“我这矛非常锋利，世界上没什么东西是它穿透不了的。”

这时旁边一个路人问道：“你说你的盾坚固得没什么东西能穿透，你又说你的矛锋利得没什么东西不能穿透。那如果用你的矛刺你的盾，会是什么结果呢？”叫卖的那人顿时无言以答。

为什么叫卖的人无法回答路人的提问呢？因为他说的“我的盾坚固得没什么东西能穿透”，实际上等同于“所有的东西都不能够穿透我的盾”；而他说的“我的矛锋利得没什么东西不能穿透”，实际上又等同于“有的东西能够穿透我的盾”。这样，他同时肯定了两个互为否定的命题，因而就陷入了“自相矛盾”的境地。所以叫卖兵器的人对盾和矛的两个描述不能同时为真，其中至少有一假。至于哪句肯定是假的，当用他的矛刺向他的盾时，我们就能知道了。

因此，所谓矛盾律就是指在同一个思维过程中，两个互相矛盾或者互为否定的命题不能同时都是真的，其中必有一假。其逻辑要求是在同一思维过程中，思想必须前后一致，不能自相矛盾；在同一思维过程中，如果对两个互相矛盾的思想同时加以肯定，就是违反了矛盾律。所以严格说来，矛盾律应该叫“不矛盾律”。

在日常生活的语言交流中，如果我们把一对反义词同时赋予同一主语，那就会发生文字上的矛盾，也会导致思想上的逻辑矛盾。比如下面的两个例子：

“他是众多空难死者中幸免于难的一个。”

“他忽快忽慢地拍打着桌子，发出非常紊乱的节奏声。”

这两句话初看起来没什么问题，但是仔细分析就会发现矛盾的地方。第一句中的“他”既然是“空难死者”之一，又怎么会“幸免于难”呢？第二句中的“声音”既然是“节奏声”，又怎么会“紊乱”呢？

说到底，这都是因为平时我们在说话时不注意逻辑的严密性造成的。如果这种不严密的思维形成习惯，就会闹各种笑话。

一个年轻人对大发明家爱迪生说：“我有一个伟大的理想，那就是发明一种万能的溶液，可以溶解掉世上所有的东西。”

爱迪生听罢，认真地思考了一下，然后说道：“你的理想很伟大，但是我对你的理想有一个疑问。请问如果你发明出了这种万能溶液后，要用什么容器来装它呢？”年轻人听后满面羞红。

为什么这个年轻人被爱迪生说得满面羞红呢？因为他认为自己的“理想”违反了矛盾律。他一方面认为“万能溶液可以溶解掉任何东西”，另一方面他又承认“存放这种万能溶液的容器是不能被溶解的”。实际上，如果这个年轻人足够聪明的话，他可以破解这个矛盾的局面——承认不存在任何容器可以装这种溶液。他可以这样回答爱迪生：“是的，先生，没有容器能装这种溶液，但我们可以在需要的时候即时配置出来。”

有些著名的悖论是和矛盾律有关的，比如20世纪初英国著名数学家、逻辑学家罗素提出的“理发师悖论”。

某个城市里只有一位理发师。一天，市长规定：不给自己理发的人必须找这位理发师理发；这位理发师只能给不给自己理发的人理发。听完市长的规定后，理发师糊涂了，他该找谁理发呢？

市长的两条规定单独去看没什么问题，但是合起来后就让理发师为难了。如果他决定不给自己理发，那么按照市长的第一条规定“不给自己理发的人必须找这位理发师理发”，他就应该找自己理发；如果他决定给自己理发，根据市长的第二条规定，“理发师只能给不给自己理发的人理发”，他就不能给自己理发。于是无论理发师给不给自己理发都和市长的规定是矛盾的。

再例如这个流传很广的古希腊故事：

一条鳄鱼从一位母亲手中抢走了一个小孩，这位母亲万分悲伤，哀求鳄鱼把孩子还回来。鳄鱼说道："你回答我一个问题，如果你答对了，我就会把小孩不加伤害地还给你。但是如果你答错了，那么请你不要悲伤，我要吃了孩子。"

母亲喜出望外，问道："你说话算数吗？"

"当然。我的问题是：我会不会吃掉你的孩子？"

母亲看着凶恶的鳄鱼和自己可爱的孩子，想了一下答道："你会吃掉我的孩子。"

鳄鱼一听十分高兴，说道："如果我把孩子还给你，你就是答错了，所以我就可以吃掉这个孩子。"

母亲大叫起来反驳道："如果你吃掉我的孩子，我的回答就是对了，根据你的诺言，你就必须把孩子还给我！"

鳄鱼犹豫了半天，只好把孩子还给了这位母亲。

交回孩子，母亲的话说错了，鳄鱼可以吃掉孩子；可是吃掉小孩，却又证明母亲的话是对的，这又得让鳄鱼把孩子毫无伤害地交出来。母亲的回答既不能说是正确的，也不能说是错误的，鳄鱼犹豫半天，走不出这个怪圈，只好把孩子交还给母亲。由此可见，悖论实际上同时断定一个命题既真又假，是不符合矛盾律的要求的。

也许你会认为这种悖论只是一种诡辩，是一种无聊的文字游戏。但实际上，对悖论的研究极大地推动了数学和逻辑学的发展。“理发师悖论”之所以非常著名，是因为罗素当时是把这作为一个比喻提出的。“市长的规定”比喻的是当时数学体系的一些定理，“理发师”比喻的是一些他想出的命题，在当时的数学体系下，这些命题既是真也是假，直接违反了矛盾律，这就是第三次数学危机。在解决这些悖论的过程中，许多原本模糊的概念得到了更加清晰严密的定义，数学体系由此得到了大大的完善。

近代科学表明，不只是数学，矛盾律在各种科学的发展中都起到了非常重大的作用。很多原本错误或者不严密的理论都是在矛盾律的作用下被人们推翻或完善的。

很多人都听过伽利略比萨斜塔实验的故事。这个故事说的是，当时人们普遍认为当物体从高空下落的时候，下落速度的快慢和物体的重量成正比，也就是说，物体越重，下落的速度就越快。但是伽利略并不认同这个观点，他认为形状相同的物体下落速度应该是一样的。于是他就在比萨斜塔上做了一个实验，让一个重的铁球和一个轻的铁球同时从塔顶上掉下去，结果两个铁球同时落地，从而以不可辩驳的事实证明了“物体越重下落速度越快”是错误的。

历史学家一般认为这个故事是杜撰出来的，伽利略实际上并没有做过这个实验。但伽利略确实推翻了原本“物体越重下落速度越快”的观念，而他运用的正是矛盾律。

伽利略在自己的书里描述了这样的一个实验：假设有A、B两个物体，其中A要比B重得多。如果A和B两个物体同时从高空下落，根据原来的说法，那么A掉得快，B掉得慢，A要比B先落地。关键来了，现在如果我们把A、B两个物体捆在一起，再让它们从高空下落，这时会出现什么结果呢？

按照原本的观点，因为A和B捆在一起，两者的重量相加，要比单独A的重量大，所以应该比单独的A落得还要快。这样说来，捆在一起的A和B应该比单独下落的A还要先落地。

但另一方面，因为B比A轻，下落的速度比A慢，当把B和A捆在一起的时候，B就会拖慢A的下落速度，所以捆在一起的A和B应该要比单独下落的A速度慢，比单独下落的A后落地。

这样一来，从原本的“物体越重下落速度越快”出发，推出了两个互相矛盾的结论。既然一个物体不可能同时比另一个物体既先落地又后落地，那么出错的只能是得出矛盾结论的前提了。因此伽利略认为，“物体越重下落速度越快”这个观点是自相矛盾的，因而是错误的。

矛盾律除了对发现新的科学规律有着重要作用外，在提高我们辨别是非的能力上也有重要作用。

汉武帝死后，年幼的汉昭帝继位。按照汉武帝的遗嘱，大将军霍光辅佐他行政。霍光是个老实干练、办事认真周到的人。他对汉昭帝忠心耿耿，帮助汉昭帝实施了一系列休养生息的政策，以减轻民间的赋税，使国家渐渐恢复元气。但是朝廷中几个有野心的大臣却把霍光看作眼中钉，非要想办法把他除去不可。这些大臣勾结了燕王刘旦，要设计陷害霍光。

在汉昭帝14岁那年，一次霍光出去检阅羽林军，并因事把一名校尉调到了他的大将军府。这几个大臣就抓住这个机会，假造了一封燕王的信，派一个心腹冒充燕王的使者，向汉昭帝告发霍光。信上说：“大将军霍光检阅羽林军时，坐的车马跟皇上坐的一样。他还私自调回校尉，加强自己身边的力量。我愿意离开自己的封地，回到京城保卫皇上。”

汉昭帝接到信后，看了又看。霍光听到消息后也非常紧张，见到汉昭帝后就脱下帽子，伏在地上请罪。汉昭帝却说道：“大将军尽管戴好帽子，我知道那封揭发你罪行的信是假的，不是燕王写的。你无罪，这是有人存心陷害。”

霍光十分激动，磕了个头说道：“臣确实没有谋反之心，但陛下怎么知道那封信是伪造的？”

汉昭帝答道：“这不是很显然的吗？大将军检阅羽林军是在长安城附近，调用校尉也是最近的事，到现在前后不到十天。燕王远在北方，怎么可能知道这些事？就算消息传到他那了，他马上写信送来，也不会这么快就能送到这里。再说了，大将军大权在握，如果真的想要叛乱，难道还缺少区区一个校尉吗？所以这分明是京城里有人心存不轨，想借燕王之名来陷害大将军。”

听了汉昭帝的一番分析，霍光和其他在场的大臣没有一个不表示佩服的。

汉昭帝看出来信造假的方法就是揭露其矛盾。既然远在北方，就不可能在十天内知道京城里发生的事，即使知道了也不可能这么快写信来，那么这封来自北方的信就是假的。

在艺术创作中，人们也往往会运用矛盾律刻画人物，以达到某种艺术效果。比如契诃夫著名的小说《变色龙》就是利用矛盾律说法的经典。

金饰匠赫留金一个人走在路上，却被路边一只狗咬破了一个手指头。他捉住这条狗对正好路过的巡警官奥楚蔑洛夫申诉说：“这得叫他们赔我一笔钱才成，因为我也许一个星期不能用这根手指啦。”

起先，奥楚蔑洛夫完全同意赫留金的要求，他说道：“嗯！不错，我要拿点颜色给那些放出狗来到处乱跑的人看看！等到他，那个混蛋，受了罚，拿出钱来，他才知道放出这种狗来，放出这些野畜生来，会有什么下场！”

他又说：“这狗呢，把它弄死好了。马上去办，别拖！这多半是条疯狗。”

这时旁边有人说：“这好像是席加洛夫将军家的狗。”

奥楚蔑洛夫听到后，态度马上就变了，开口质问赫留金道：“这只狗怎么会咬着你的？难道它够得到你的手指头吗？它是那么小，你呢，说实在的，却长得这么魁梧！你的手指头一定是给小钉子弄破的，后来却异想天开，想得到一笔什么赔偿损失费了。”

接着旁边又有人说：“不对，这不是将军家的狗，将军家里没有这样的狗，全是大猎狗。”

巡警官问道：“你拿得准吗？”

“拿得准，长官！”

于是奥楚蔑洛夫的态度又来了个大转弯，他说道：“我自己也知道嘛，将军家里都是名贵的、纯种的狗；这条狗呢，鬼才知道是什么玩意儿！毛色既不好，模样又不中看，完全是个下贱胚子。你呢，赫留金，受了伤害，那我们绝不能不管，得惩戒他们一下！是时候了。”

不料，这时将军家里的厨师来了，他说这只狗是将军的哥哥刚从外地带来的。巡官一听，又连忙改口道：“把它带走吧！这小狗还不坏，怪伶俐的，一口就咬破了这家伙的手指头！哈哈哈……”还转过头来恐吓赫留金：“我早晚要收拾你！”

契诃夫通过让巡警官奥楚蔑洛夫围绕一条小狗多次违反矛盾律的表现手法，淋漓尽致地刻画出了一个阿谀奉承、见风使舵的势利小人的形象。同样的，在相声、小品等艺术表演中，利用逻辑矛盾来引人发笑也是惯用手法。

在日常生活中，我们常常不知不觉就违反了矛盾律，其原因是各种各样的，有主观原因，也有客观原因。

例如有人说“我反对一切批评”，这句话是自相矛盾的，因为“我反对一切批评”本身也是批评。有人说“我什么话都怀疑”，这句话也同样自相矛盾，既然什么话都怀疑，那么“我什么话都怀疑”这句话也应该怀疑。古代还有“学无益”的说法，这句话更是自相矛盾。“学无益”的意思是认为学习是无益的，这句话本身也是一种教育，那么这句话也应该是“无益”的。

可以看出，这些都是说话十分绝对的情况。有些人非常喜欢把话说得很绝对，认为这样才能显示自己的力量或者见识，殊不知绝对的话最容易自相矛盾。

甲乙两个人在一起讨论问题。

甲问道：“这么说来，你认为这个世界上任何东西都是不确定的吗？”

乙回答道："是的，这个世界上没有什么东西是确定的。"

甲又问道："你确信？"

乙答道："是的，我确信。"

乙说"这个世界上没有什么东西是确定的"，但他又对自己的这个观点十分确信，所以他就像那个在市场上卖矛和盾的人，自己的矛插自己的盾。由此可见，如果我们不想陷入自相矛盾的窘境，那么不妨在讲一件事前多思考一下。

和同一律、排中律类似，矛盾律针对的也是同一个思维过程，如果在不同时间从不同方面或对不同对象，做出了两个相反的论断，这并不一定违反矛盾律。

在《论语》中有这样一个故事。

一天，孔子与他的弟子们一起探讨问题。孔子的学生子路向老师请教："听到了就可以动手干吗？"孔子摇了摇头说："不对！有父兄在，应该同他们商量商量再行动，怎么能随便听到了就动手干起来？"子路点点头说道："嗯，老师说得有道理。"

过了几天，子路不在，另一个学生冉有又问孔子："听到了就可以动手干吗？"孔子答道："对！听到了就应该马上动手干！"冉有高兴地谢了老师。

一个叫公西华的人一直都在孔子身边，正好孔子的两次回答他都听到了。于是他非常纳闷：同样的问题，为什么孔子做了不同的回答呢？于是公西华就质问孔子为什么。孔子笑了笑，答道："冉有平时做事往往畏缩不前，所以我是鼓励他，给他壮胆；子路的胆量太大，敢作敢为，因此我有意识地让他慎重，叫他三思而后行。"

"原来如此，老师您这真是因人施教啊！"

从表面上看，孔子前后的言论是自相矛盾的，但实际上因为孔子针对的是不同的对象，所以并不违反矛盾律，反而体现了他高超的教书育人的本领。

对同一个对象的不同方面做出两个相反的论断，也不一定违反矛盾律。

《伊索寓言》的作者、古希腊人伊索，在年轻的时候曾经当过别人的奴隶。有一天，他的主人要设宴请客，请来的客人都是当时希腊著名的哲学家。主人命令伊索备办酒肴，并吩咐他："要准备最好的菜来招待客人。"伊索就收集了各种动物的舌头，用这些舌头做成各种菜，准备了一顿舌头宴。这些菜端上宴会后，主人和客人都大吃一惊，主人连忙把伊索叫来问是怎么一回事。伊索当众答道："您吩咐我为这些尊贵的客人准备最好的菜，舌头是引领各种学问的关键，对于这些哲学家来说，舌头不正是最好的菜吗？"主人和客人们听后都大笑起来，表示赞赏。

第二天，主人又吩咐伊索说："我要办一次宴会，这次你准备最坏的菜。"谁知道到上菜时一看，依然全部都是舌头。主人暴跳如雷，伊索却不慌不忙地回答道："祸从口出，难道一切坏事不都是从舌头上出来的吗？所以舌头就是最坏的东西。"

伊索从舌头不同的功能出发，得出了"舌头既是最好的，也是最坏的东西"这看似矛盾的结论。任何事物的内在都可能具有矛盾的属性，所以正确地反映出这些矛盾的属性，并不是自相矛盾。

有时候我们会觉得矛盾律和排中律非常相似，但两者是有明显区别的。

第一，适用范围不同。矛盾律既适用于互相矛盾的思想，又适用于互相反对的思想。排中律只适用于互相矛盾的思想，不适用于互相反对的思想。

"我认为所有男人都应该留胡子，我也认为所有男人都不应该留胡子。"

"我不认为所有男人都应该留胡子，我也不认为所有男人都不应该留胡子。"

前者违反了矛盾律，而后者没有违反排中律。

第二，要求不同。矛盾律要求对互相反对和互相矛盾的判断不能同时加以肯定；排中律则要求对互相矛盾的判断不能同时加以否定，必须肯定其中一个是真的。

第三，逻辑错误不同。违反矛盾律造成的逻辑错误是“自相矛盾”，违反排中律造成的逻辑错误是“模棱两可”。

1.5 充足理由律：有果就有因

充足理由律这个提法最早可以追溯到17世纪末的德国哲学家莱布尼茨。他在书中写道：“我们的推理是建立在两个大原则上的，即：（1）矛盾原则。（2）充足理由原则。凭着这两个原则，我们认为：任何一件事如果是真实的，或实在的，任何一个陈述如果是真的，就必须有一个为什么这样而不那样的充足理由，虽然这些理由常常总是不能为我们所知道的。”

逻辑学家们通常把这条规律表述为：任何判断必须有充分的理由。但这个规律能不能算作逻辑的基本规律之一，一直是一个有争论的问题。比如康德认为，矛盾律与充足理由律都是真理的逻辑标准或形式标准。矛盾律是反面的标准，因为遵守矛盾律的思想不一定真，而违反矛盾律的思想不可能为真；充足理由律则是正面的标准，因为遵守充足理由律的思想一定是有根据的，是从一些原则得出而且不会导致假的结论的思想。

论证是复杂的思维过程，包括运用概念、判断和推理，如果违反充足理由律，就会影响到判断和推理的正确性，因此它同所有的逻辑形式，包括概念、判断、推理和论证都有关系。可以说，充足理由律具有普遍意义，对于任何一种逻辑形式都起作用。甚至有些逻辑学家认为，与其说充足理由律是关于逻辑的规律，不如说是关于存在和事实的规律。

充足理由律表明，一切事物都有一个成因，这个成因导致了这个事物的存在，以及决定了为什么它是这个样子而不是另外的样子。如果我们能够认识这个成因，也就认识了这个事物的本质，从而也就有可能按照我们的想法控制或改变这个事物。充足理由律是理性的重要组成部分，它在现代科学中也占有独特的地位。没有“充足理由律”，也就没有现代的科学技术。

从充足理由律出发，人们致力于探求事物的“为什么”，并衍生出一系列规则、定律等，建立起一个庞大的科学理论体系。充足理由律可以说是现代科学技术的第一原理。随着科学技术在现代社会的地位越来越高，充足理由律也逐渐成为其他领域的第一原则，并且成为形而上学意义上的真实性原则。

以逻辑这个领域来说，充足理由律的要求主要有两条：第一，推出结论的理由必须真实；第二，理由与结论之间的逻辑关系必须正确。但实际上，有时我们很难确定推出结论的理由究竟是真还是假，因为无论是个人还是整个人类群体，我们对这个世界的认识都有局限性，所以在逻辑上主要注重的是充足理由律的第二个要求，即在论证过程中逻辑关系必须正确。

如果违反充足理由律，就会犯逻辑错误。比如在论述的时候使用以主观臆造的虚假理由，那就是“理由虚假”。如果是推理的过程并不正确，那就是“推理虚假”。这两者都是我们在平时要特别注意避免的。

一位中学老师在路上看到自己的学生在骑自行车，连忙把他拦下来，说道：“你骑自行车是不合适的，以后不要骑自行车来上学了。”

学生不服气，问老师为什么自己不能骑自行车。

老师答道：“这难道还用解释吗？这不是理所当然吗？如果学生骑自行车，那还会做出什么好事来？既然学校没有规定允许学生骑车上学，那就是不允许。”

这里老师对“学生不能骑自行车上学”的论述理由有两点：一是“如果学生骑自行车，那还会做出什么好事来”，二是“既然学校没有规定允许学生骑车上学，那就是不允许”。这两个理由，前者是虚假的，犯了“理由虚假”的错误；后者虽然“学校没有规定允许学生骑车上学”为真实，但并不能由此从逻辑上推出“学生不能骑自行车”，犯了“推理虚假”的错误。总之，这位老师的话违反了充足理由律，那位学生听完这样的论述后恐怕也只会不服气。

充足理由律主要是用来保证思维过程的可论证性。论证性是说服力的基础，无论是说话还是写文章，只有具有论证性，才会有说服力。如果一个理论满足充足理由律，即使它一时无法被人充分接受，但因为它具有论证性，终究会有越来越多的证据支持它并被人接受。

哥白尼提出日心说的时候，大部分人不以为然，很多人仍相信地球是宇宙的中心。但是哥白尼的日心说是满足充足理由律的。他描述了很多前人天文观测的事实，而这些天文现象只有用“日心说”才能完美地解释。虽然保守势力极力打压“日心说”，但随着支持“日心说”的观测数据越来越多，“日心说”终于获得了最终胜利。

充足理由律是前三条规律的必要补充。同一律、排中律和矛盾律这三条规律是逻辑的基础和必要条件，如果思想不确定、自相矛盾或者模棱两可，那就根本谈不上有论证性。在前三条规律的基础上，保持了概念和判断的确定性之后，充足理由律进一步指出判断与判断之间的联系具有论证性。也就是说，在指出事物是什么之后，充足理由律能进一步解释事物为什么是这样的，而不是那样的。

需要说明的是，充足理由律指出了所有事物都有其存在的充足理由，但这种理由是什么，并不一定是我们目前所能认识或理解的。

“人类的存在一定是有其缘由的，所以一定有一个创造了人类的存在，这个存在就是上帝。”

这个论述就错误地使用了充足理由律。人类存在的理由不一定是被“上帝”创造的，也可能是自然演化而来的，而只有充分的证据来支持，我们才能认可某种说法的正确性。

1.6 逻辑就是真理

以上的各种逻辑规律你可能觉得没什么新奇的，这是因为这些逻辑规律所表达的内容，我们早就在生活中运用自如了。而这些规律是不证自明的，比如矛盾律，当你看完它的内容后，你的第一反应一定是：当然是这样！这些规律也是无法被证明的，它们不是由某些前提条件推导出来的结论，它们的存在也不依赖其他的事物，因为它们反映的是绝对基础的事实。

遵守了上述的四条逻辑规律，我们的论述才会概念明确、判断恰当、推理有逻辑性、论证有说服力，我们也只有从这四条规律出发，才能判断一个论述是否是合乎逻辑的。既然逻辑这么重要，是我们在论述观点时必须遵守的规律，那么反过来，满足了逻辑的论述就一定是真理了吗？也不一定。

所谓“真”，在逻辑学中一般有下面这几个概念。

前提或者命题真。这种“真”是指命题的思想内容是真的。任何一个命题的内容不是真的就是假的，在这里真或假不是用以描述事物状态，而是用来评价命题或陈述的内容，它主要是针对其所表达的知识或信念。

“昨天下雨了。”

这个命题的内容如果符合客观事实，那么它就是个真命题，否则就是个假命题。

推理真。就是指推理中前提和结论之间的关系正确。在演绎推理中，前提正确，结论也就正确。在归纳推理和类比推理中，前提正确，结论就是“可能正确”。因此“推理真”指的是前提和结论之间的逻辑推断关系是正确的，但并不对命题本身的内容进行评价。

“所有乌鸦都是黑色的，这是只乌鸦，所以这只乌鸦是黑色的。”

这个论述就是“推理真”的，由“所有乌鸦都是黑色的”和“这是只乌鸦”

能正确地逻辑推理出“这只乌鸦是黑色的”。但是“所有乌鸦都是黑色的”这个前提是否正确并不在“推理真”的范围内。

形式真。这是指永真式或普遍有效式的真。逻辑学把一些正确的逻辑推理抽象成了公式。这些公式中的变项可以用任何命题或谓词代入，得到的论述总能保证是真命题。这类公式的“真”就是一种逻辑关系的“形式真”。关于这些抽象出来的公式，在第三章会有专门的介绍。

以上这三种“真”，逻辑学一般不考虑第一种，只关注后两种。这是因为逻辑本身无法对第一种“真”进行判断，而只能靠人的观察和积累的知识。而我们对世界的认识又是有限的，即使是现在认为“真”的命题，在人们对世界的认识更加深入后，也可能会变成是“假”的。而后两种“真”可以由逻辑学来保证。所以当我们说“逻辑上为真”时，指的是后两种“真”，“逻辑真理”并不一定是“事实真理”。如果前提本身是错误的，那么无论论证过程多么正确，得出的结论也可能是非常荒谬的。这样的错误有时很难被发觉，比如我们经常能看到这样的广告：

×××物质是纯天然提取物，对人体无毒副作用。

这句广告词隐含了这样一个前提：“所有纯天然提取物都是对人体无毒副作用的”，但很明显，自然界中存在着各种对人体有毒的动植物。

一个人去水族馆玩，看到一只海豹在水池里游泳，他在那感慨道：“多么漂亮的鲸鱼啊！”

旁边的工作人员听了，上来纠正道：“这不是鲸鱼，是海豹。”

这人道：“胡说，这就是鲸鱼。”

工作人员又道：“你看，鲸鱼没有前肢，而海豹有前肢。”

这人道：“胡说，这只鲸鱼就有前肢。”

工作人员道：“鲸鱼的体积要比海豹大得多，鲸鱼不会这么小。”

这人道：“胡说，这只鲸鱼长得就小。”

这时，海豹从水池里爬上了岸，工作人员认为这回总能说服这人了："你看，鲸鱼是不上岸的，而海豹是上岸的。"

这人不以为然地道："胡说，这只鲸鱼不就上岸了！"

逻辑并无善恶，如果起点本身就是错误的，那么通过逻辑推理所到达的终点也会是错误的，这是我们必须时刻注意的。特别是在和别人的论辩中，要避免因自身的情感原因而把逻辑论证变成感情宣泄。

"逻辑真理"来源于经验，但又不同于"事实真理"。由于逻辑思维的抽象性，它越远离事实，它的真理性就越强，但是，"事实真理"必须满足"逻辑真理"。

第二章
为什么男人更要讲逻辑

2.1 男人要靠逻辑生存

逻辑成为一门科学，是从亚里士多德开始的。亚里士多德并没有把他的研究叫作“逻辑”，但他明确指出他的研究对象是“三段论”，而这是关于从一个真的前提“必然地”推出一些结论的科学。亚里士多德所提出的意义上的“逻辑”，就是关于“必然推理规则”，或“必然证明或论证规则”的科学。

毫无疑问，每个人都需要逻辑，也都需要讲逻辑。世界如果没有逻辑，就会混乱。但相对来说，男人较之女人则更需要讲逻辑。因为生理和社会需求等方面的差异，男人承担着更多的社会交往与责任，这就要求男人需要更有逻辑。

“逻辑”是理性的产物，是用来理解客观世界时可靠而强大的武器。但是，当逻辑面对“感性”时，有时就没有用武之地了。如果你在“感性”的场合太专注于逻辑的理性，就可能会被认为自私自利。

一个学逻辑的研究生和女朋友出去吃饭，上完菜后，他先把所有的肉都夹到自己的碗里。女朋友不高兴地问道：“你怎么这样啊？你怎么把肉都夹掉，只给我剩下菜啊？”他答道：“因为肉比菜好吃，所以我要先吃肉啊。”

两人的餐后甜点是一个精致的蛋糕。女朋友把蛋糕分成两份，然后让他先挑。他想了一会儿，拿起大的那块吃了起来。他是这么推理的:“我知道我女朋友喜欢吃蛋糕，但她知道我也喜欢吃蛋糕，我还知道她爱我，一切为我着想，所以她肯定是想让我吃大的那块。”

女朋友很失望地说道:“如果你让我先挑的话，我会拿小的那块的。”他津津有味地吃着蛋糕回答道:“那正好啊，我留给你的就是小的那块。”

后来他俩就分手了。

一般来说，有逻辑思维的人会比较理智！一个男人如果不理智，很少有女人会喜欢，因为男人不理智会让人觉得做事不稳妥，是不够成熟的表现。但是，一个女人如果不讲逻辑，有时倒显得无比可爱，独具魅力。

就像恋爱中的女人。如果她满脸庄重地对男人说“你是个好人”时，这就意味着你俩要“吹”了；而当她一脸灿烂笑着对男人说“你是个大坏蛋”时，那么，离洞房花烛的日子就不远了。

当然，这么说并不是说女人就没有逻辑，而是男女的偏向不同。大多数情况下，男人依靠逻辑解决问题，而女人依靠直觉。因为女性天生多偏向于感性，而男性则多偏向于理智。

男人讲究有头有尾，有因有果，有来有去。男人看世界，往往靠理智、靠经验、靠分析推理。比如玩扑克牌，女人往往一把两把出完拉倒，大不了输了重来。男人却不一样，算来算去，非要算清楚对方手里剩下什么牌，该怎么出才能赢，否则绝不会善罢甘休。

相对来说，男人更追求真相，更喜欢和人辩论，也更需要高效地去做事情。无论想要学习哪一门专业，做哪一项工作，要想学得好、做得快，都最好具有较强的逻辑能力。

2.2 追究真相的有效方法

我们学习逻辑的目的只有一个，就是去了解事物的真相。在大多数情况下，事物的真相总是隐藏在各种线索之中，通过各种外在线索去找出真相，并不是一件简单的事情。但因此就不去探寻真相或者认为真相是可望而不可及的想法，则是荒谬和可笑的。

我们平时所说的“真相”其实可以分为两种类型：一种是“本体真相”，另一种是“逻辑真相”。所谓“本体真相”，就是指关乎存在与否的真相。如果某个事物被认定是本体真相，那么这个事物就必然存在于世界上的某个地方。

桌子上有个苹果。

这就是一个关于“本体真相”的命题。对于这个命题，你仅仅去想“苹果”、“桌子”这些概念，是无法判断命题的真假的。要判断这个问题，你只能去看一眼桌上到底有没有苹果，有就是真，没有就是假。

这就是“本体真相”这类命题的最主要也是最终极的判断方法。只有这个命题和客观事物的状态相符，它才为真。如果命题内容和客观事物的状态不相符，那就是假。

既然对于本体真相我们只有去查看客观事实才能确定其真假，那么逻辑在这里是不是就没有作用呢？答案是否定的。因为有些本体真相很难被直接证实，这时使用一些逻辑推理，可以让寻找真相的过程更加轻松、便捷。

一位男士偶然遇见一位美丽的女孩，从此朝思暮想，单方面坠入爱河。经过一段时间的犹豫和挣扎后，有一天这位男士终于鼓起勇气去向女孩表白。谁知那位女孩答道：“抱歉，我已经有男朋友了。”如果那位男士在表白前探究过“心仪的女孩是否已经有了男朋友”这个本体真相，说不定就能避免尴尬场景了。

可是对于一个并不认识的女孩，要直接去了解她有没有男朋友可不是一件简单的事。这个时候就要逻辑上场了。这位男士首先可以找一些自己的朋友，一起在旁边悄悄地观察女孩的行为。然后每个人根据自己的判断估计一下女孩有男朋友的概率是多少。男士则根据自己对这些朋友的了解，给每个朋友的估计值加一个加权值，最后得到初步的结果，比如女孩有男朋友的概率是70%。这个结果已经是比较接近事实了，因为朋友们有的会高估一点，有的会低估一点，总体平均一下误差就不会太大。

面对70%的失败可能性，这位男士并没有死心，他继续暗中观察女孩的行为，以修正70%这个初步结果。他注意到女孩经常在发短信，而根据统计，恋爱中的女孩有八成是经常发短信的，不在恋爱中的女孩只有三成是经常发短信的。于是根据概率学计算，那个女孩有男朋友的概率一下子提高到了86%！

男士继续观察，又发现女孩经常和几个女性朋友一起逛街。根据统计，恋爱中的女孩只有两成会经常和朋友一起逛街；而没恋爱的女孩则有九成会经常和朋友逛街。于是计算结果变成了58%！

男士又通过其他的观察，不断地计算新的概率值，得到的最终结果是：女孩有90%的概率是已经有男朋友了。于是他决定默默地祝福她。

这位男士通过逻辑和概率计算，得到了一个能促成行为决定的结论。不过要值得注意的是，这种方法得到的只是一个概率值，并不能替代事实。就算计算得到的结果只有1%，事实也可能是女孩已经有男朋友了。要明确地判断这个本体真相命题，最终的方法还是去问她本人，或者观察到她和男朋友在一起。

既然上述的方法得到的结果不能替代事实，那这种方法是否就没有价值呢？并不是。这种方法其实是大有用途的，因为在生活中有些事情的真相隐藏很深，无法直接去观察，或者直接观察需要大量的成本。这时候使用上述的方法就可以节省很多时间和精力。实际上，这种方法一开始就是为了解决现实中遇到的难题而发明的。

1966 年，美国一架轰炸机在西班牙上空进行空中加油时和加油机意外碰撞，导致轰炸机和加油机都起火坠毁。更为严重的是，当时轰炸机上带着一枚氢弹，如果这颗氢弹发生什么意外，后果不堪设想。

美国立刻从国内调集了大批专家和搜索部队前往现场，搜寻那颗氢弹。但是残骸散落的范围非常大，而且当时没人知道那颗氢弹是如何贮存在轰炸机上，也不知道氢弹是怎么从轰炸机上脱离的。还要考虑氢弹上的两个降落伞各自打开的概率是多少、当时的风速和方向是怎么样的、氢弹落到地上之后有可能被埋到土里等。因此搜寻队一时束手无策，不知道从何处搜起。

最后，有一位数学家提出了自己的搜寻方案。他先把整个残骸散落的区域划分成很多小方格，然后召集来各方面的专家。这些专家都有自己擅长的领域，他们有的比较了解轰炸机的结构，有的是氢弹专家，有的是流体力学家，有的是专门研究爆炸动力学的专家等。数学家要他们每人做出自己的假设，想象出各种可能的情景，然后在各种情境下估计氢弹落在各个小方格里的概率。这些专家各自的估计结果综合到一起加权平均后，就得到了一张氢弹位置的概率图：每一个小方格都有不同的概率值。

然后搜索队根据这张概率图开始搜索。他们从概率最高的格子开始搜索，一个格子搜索完后，剩下的格子的概率就会进行更新，然后接着搜索其中概率最高的。最后氢弹很快就被找到了。

两年后，美国海军一艘核潜艇因为鱼雷事故在大西洋某个海域失踪了，潜艇和艇上的 99 名海军官兵全部杳无音信。为了寻找这艘核潜艇的下落，美国海军进行了大规模的搜索。但搜救队对失事时潜艇航行的速度快慢、方向、爆炸冲击力的大小、爆炸时潜艇方向舵的指向等一概不知道，事发时深海海流的流向流速也只能进行估计，所以很难确定潜艇残骸最后被海水冲到哪里。要在这么大的深海范围内寻找到这艘潜艇几乎是不可能的。

这时人们想起了上次组织寻找氢弹的数学家，并请他再次出场。

和搜索氢弹时一样，他先是召集了相关各个领域的专家，让他们设想各种可能发生的情况，并按照自己的经验判断各种可能的概率。最后，这一片海域被划分成很多小格子，每个格子都有一个初步的概率。搜救队每次寻找时会挑选整个区域内潜艇存在概率值最高的格子进行搜索，如果没有发现，分布图就会按照概率规律重新计算一次，搜寻船则驶向新的概率最高的格子进行搜索。

海军人员一开始凭经验搜寻了几个月都一无所获。后来使用了数学家的方法后，没几天就在爆炸点西南方的海底找到了失事潜艇。

实际上，这种通过概率计算来提高认识本体真相效率的方法叫"贝叶斯方法"，现在广泛地应用在各种领域，特别是人工智能的相关技术中。

需要说明的是，如果一个本体真相的命题是假的，那它就是虚假的幻象，是逻辑上的谎言。当然，生活中的"撒谎"一词是有主观色彩的，即如果一个人以为自己说的话是真的，但这话实际上是假的，我们也不会把这叫作"撒谎"。

对于逻辑学家来说，他们更直接关注的是"逻辑真相"。"逻辑真相"指的是命题的真理性。它反映的是命题内容与客观事实之间的关系，如果这个命题和某个已经得到证明的结论是一致的，我们就说这个命题是符合逻辑真相的。

我一松手，手里的笔就会掉地上。

这个命题描述的是未来的事情，但我们知道它是真的，因为命题和已经得到证明的物理规律相一致。可以发现，在认定逻辑真相的过程中，正确的前提理论和准确的推理过程是必不可少的。

美国著名物理学家费米在一次演讲中，向大家提了这样一个问题："芝加哥需要多少位钢琴调音师？"

在场的人对费米的这个问题都感到很奇怪，觉得根本无从下手。

但是费米却不这样认为，他向大家解释道：“芝加哥城一共有大约 300 万人，平均每个家庭有 4 口人，而平均三分之一的家庭有钢琴，所以芝加哥一共有大约 25 万架钢琴。一般来说，每年只有五分之一的钢琴需要调音，所以芝加哥每年需要 5 万次的调音。而一个调音师每天只能调好 4 架钢琴，一年工作 250 天，一个调音师一年共能调好 1000 架钢琴，是所需调音数量的五十分之一。由此可以推断，芝加哥共需要 50 位调音师。”

费米说完后，大家纷纷鼓掌。

事实上，费米的推论方法是一种典型的“演绎法”，使用这种方法需要知道很多预备性的知识。比如费米必须知道芝加哥的总人口数，有钢琴的家庭所占的比例，每架钢琴一年要调音的次数，调音师的工作效率、工作天数等。如果他不知道这些知识，他就无法得出相关的结论。

一群人组织去原始森林里打猎。这些人分成了几个小组，每个小组都有一部步话机。如果遇到险情，可以用这部步话机联系在这个地区上空徘徊的直升机求救。

当大家都打猎回来后，人们发现其中有个小组失踪了。通过努力寻找，人们在一个山谷里找到了他们的尸体。

这些人是怎么遇难的？为什么这些人没有得到救援？如果你是活动的组织者，你就不得不考虑这些问题。是因为这些人不知道怎样使用步话机吗？或者是因为他们过于惊慌导致没有想起使用步话机？还是因为负责接收步话机信号的直升机驾驶员玩忽职守？又或者步话机的信号被山体隔断了？总之在没有进一步调查以前，这些可能都是存在的。

为了找出真相，我们可以提出这样四个问题来了解更多的信息：

①最后一次看见这些人的是谁？在什么时间？什么地点？

②直升机是否收到了这些人的求救信号？

③这个事件是否仅仅是救护计划的失策，或者还是其他方面的失策？有没有一些小的过失？

④这次救护计划的失策和过去的情况有没有类似的地方？

接着你得到了如下的回答：

①最后一次有人看见他们的时候，他们正徒步翻越一座小山头，朝着后来发现他们尸体的那个山谷走去。

②直升机的通话记录显示并没有收到这个小组的呼救信号，后来在离这些人尸体不远的地方发现了步话机的残骸。

③另一个小组被困在一个小土丘上，他们用步话机向直升机呼救，结果他们得救了。

④在一场森林火灾中，有一队消防员被大火烧死。当时的直升机驾驶员报告说没有收到他们的呼救信号，他们的尸体是在两座山丘之间一条干涸的小溪中发现的。

通过掌握的这些材料，这些人遇难的原因就呼之欲出了。可能性最大的是“步话机的信号被山体隔断了”，因而直升机没能接收到，这与从各方面掌握到的所有资料都相符。

但我们也应该注意到这样的事实，依据理论前提得出的结论有时可能是非常荒谬的，因为每个理论都有自身的适用范围，一旦出了这个范围，从理论推导出的结论就会和事实相差甚远。比如牛顿力学只在宏观和低速的范围内适用，一旦进入微观和高速的领域就要使用新的物理学理论，而这些新的物理学理论也会有自己的适用范围，寻找这些理论的适用范围就是物理学家们重要的工作内容之一。

一位国王要考验大臣的聪明程度。他命人找来母马和小马驹各十匹，要大臣们辨认出每匹母马的孩子是哪匹小马。

有的大臣认为小马总是对母马会比较亲近，所以靠得近的两匹就是有血缘关系的。可实际上，小马们自顾自地在玩耍，而母马也并不怎么看小马那边。许多大臣就只好根据马身上的花纹等外在的特征随便乱猜乱配。

最后轮到一位聪明的大臣时，他想出了个主意。他让人把小马驹们关起来，并且一天不给水喝。等第二天再打开栅栏时，那些渴极了的小马们纷纷奔向自己的妈妈那找奶喝。于是，这位大臣轻而易举地辨认出了属于各匹母马的小马驹，得到了国王的青睐。

很明显的，这两种真相中，本体真相是基础。决定命题真假的依据是客观事实。而逻辑真相是建立在本体真相的基础之上的。但事物有时候并不是黑白分明的，如：

上帝是存在的。

逻辑承认，无论是本体真相还是逻辑真相，这类命题的真相都是我们无法得知的。这种时候有的人选择相信，有的人选择不相信，还有的人则选择怀疑。这已经超出了逻辑的范畴，进入了“信仰”的领域。

2.3 辩论、争吵与诡辩

逻辑包括了三个元素：概念、判断和推理。所谓“概念”是指给同类的事物做性质上的定义；所谓“判断”是指根据前面的概念去考察一个新事物是否属于所定义的事物；而所谓“推理”是指通过一连串的判断，总结出该事物的一些性质。

爸爸，你答应过我期末考了100分就陪我去游乐园玩的，现在我考了100分，你要陪我去游乐园。

这句话就体现了一个完整的逻辑过程。概念：考了100分的人；判断：我是考了 100 分的人；概念：考了 100 分的人能被爸爸陪着去游乐园；推理：爸爸应该陪我去游乐园。整个过程清晰流畅，如果那位爸爸也是一位讲逻辑的人，他就需要陪着孩子去游乐园了。

在生活中，我们一般把能流畅掌握上述逻辑三元素的人称为是有“条理”的人。要想说话有条理，在说话前就要在心中有一个大纲，即：清楚知道自己说话要达到什么样的目的。然后在说话的时候，按照事先构想的顺序去逐个实现。一时没有达到目的的命题，可以和说话对象继续交流。说话中的逻辑性就是不但要说出“怎么样”，还要说出“为什么”，把自己得出结论的逻辑推理过程告诉对方。

如果就一个命题意见不同的双方都是有条理的人，那么他们之间会对此命题进行理性的辩论。

老师：“为了增强大家对英语的兴趣，下学期起学校所有课程全部用英文授课。”

同学：“那样很多课我们会完全听不懂的。”

老师：“不用担心，一开始听不懂没关系。学习语言多听是最重要的，只要你们每天都听老师讲英语，过几个月自然就能听明白了。”

同学：“可是我天天听家里的小狗叫，已经听好几年了，现在也听不懂它到底在说什么啊。”

初看起来，好像是这位同学不讲逻辑，但实际分析一下就会发现不是这样。这位同学的回答非常有效地用反例对老师的“学习语言多听是最重要的”这个命题提出了质疑。这种时候，理性的老师要么提出“狗叫并不是一种语言”；要么承认“学习语言多听是最重要的”这个命题不成立，并将其修改为“学习英语多听是最重要的”这种更有说服力的命题。

一个孩子问爸爸：“世界上是不是爸爸总比儿子更聪明？”

爸爸回答道：“当然啊，爸爸总是比儿子知道得更多，所以你要听我的话。”

孩子却接着问道：“那爸爸知道电灯是谁发明的吗？”

爸爸答道：“当然知道啊，电灯是爱迪生发明的。”

孩子接着问道：“那为什么爱迪生的爸爸没有发明电灯呢？”

这种看似脑筋急转弯的辩论，其本质就是抓住对方命题的某个反例，以此作为突破口。对于一个命题来说，只要存在一个反例，这个命题就是不成立的。

如果有分歧的双方中有人不遵循理性的逻辑进行对话，其结果往往就会发展成一场争吵。争吵和辩论的目的不同，辩论的目的是发现真相，其结果可能是自己错了；争吵的目的则是用一切可用的语言手段击败对手，证明无论如何都是自己正确，对方错误。

讲逻辑的首要前提是双方愿意进行理性的对话。但生活中不愿意进行理性对话的大有人在，他们有的是因为不知道怎么讲理，有的是因为觉得自己有压制对方的手段而不想讲理。下面我们看一个当对话一方不知道怎么讲理时会出现的情况。

母亲看到儿子还没有睡觉，担心孩子缺少睡眠抵抗力下降，就劝孩子早点睡。

母亲：“都十一点了，该睡觉了。”

儿子：“可是我作业还没做完呢。”

母亲心疼地说：“都这么晚了还没有做完？”

儿子正在忙着做作业，就随口应付道：“作业多。”

母亲想告诉儿子要抓紧时间，就说道：“我昨天正好问过你们班的另一个孩子，他每天晚上十点前就做完了。”

儿子以为母亲在指责他，就辩驳道：“每个人都有自己的情况，凭什么要和别人比。”

母亲有点急躁：“你这么晚都做不完作业还有理了？”

儿子觉得很委屈：“我这不是一晚上一直在做作业吗，又没玩。”

母亲:“不对，刚才你不是还上了半小时的网？”

儿子更觉得委屈了:“我只是在查资料。”

母亲:“反正你有理由，上网不是查资料就是问问题。”

儿子:“不相信我就算啦。”

母亲:“我只是在关心你，你怎么这么不懂事？”

儿子堵上耳朵不再理母亲了。

因为不懂如何进行理性对话，使本来出于善意的对话演变成双方不快的争吵，类似的这种现象在生活中时常发生。

强横、霸道、暴力的非理性，会使讲理的人说不过不讲理的人，这样讲理的人会越来越少，整个社会最终就会陷入一种普遍的非理性、无是非状态。而更有一些人则是有意地把真理说成是错误，把错误说成是真理，也就是所谓的“诡辩”。

玩弄诡辩的人，大多表面上显得很能言善辩，以理服人。他们在对话的时候往往滔滔不绝，论证自己的命题也会拿出许多“理由”来，但实际上他们所谓的“理由”不过是在玩弄一些似是而非的概念而已。用一句来概括，“诡辩”就是有意地颠倒是非、混淆黑白。

汉代刘安的《淮南子·齐谷训》中有这样的记录:“诋文者处烦扰以为智，多为人危辩。久稽而不决，无益于讼。”其中的“人危辩”就是“诡辩”。在《史记·屈原贾生传》中也有“设诡辩于怀王之宠姬郑袖”的记载。《汉书·赵王彭祖传》中有:“心刻深、好法律，持诡辩以中人。”

可见“诡辩”这个词语在一开始就是指的那些似是而非、颠倒黑白的议论。诡辩的一个常用手法就是玩弄文字的含义，比如著名的“白马非马”论。

在战国时期，有一天，公孙龙骑着一匹白马要进城。守门的士兵把他拦下来说道:“本城规定，不许放马进城。”

公孙龙心生一计，说道:“我骑的是白马，并不是马，所以可以进城。”

士兵奇怪地问："白马怎么就不是马了？"

公孙龙道："因为白马有两个特征：一、它是白色的；二、它具有马的外形。但是马只有一个特征，就是具有马的外形。一个具有两个特征，一个只具有一个特征，这两个怎么能是一回事呢？所以白马根本就不是马。"

士兵被说得无法回答，只好放公孙龙和他的白马进城。公孙龙也因此而成名，成为战国时期"名家"的代表人物。

公孙龙的话看上去似乎很有道理，要用两个特征来定义的事物确实不等同于只用一个特征就能定义的事物。可是如果我们接受了"白马非马"，那么也能如法炮制地得出"白猫不是猫"、"铅笔不是笔"、"橘子不是水果"，甚至"男人女人都不是人"等结论来。那么公孙龙"白马非马"的论证到底哪里有问题呢？

实际上问题出在对"是"这个概念的定义上。在生活中，"A 是 B"有两种解释：

① A 等同于 B。

② A 属于 B。

当我们说"白马是马"、"橘子是水果"的时候，实际用的是第二种解释，即"白马属于马"、"橘子属于水果"。而公孙龙则巧妙地把这里的"是"偷换成第一种解释，再论证"白马"和"马"并不等同。所以这是利用日常语言的局限而进行的诡辩。

古希腊著名哲学家欧布利德斯也擅长诡辩。有一次他对一个人说："你没有扔掉的东西，就是你有的东西，对不对？"

那人答道："对呀！"

欧布利德斯接着说道："因为你没有扔掉过'头上的角'，所以你有'头上的角'，因此你是个头上有角的人。"

那个人被弄得莫名其妙，知道受了愚弄，又说不出所以然，不知怎样反驳欧布利德斯。

这个诡辩和“白马非马”类似，也是玩弄语言的把戏。前一个“没有扔掉”默认是原来就存在的东西，而欧布利德斯故意无视这种语言中的“默认”，以此得出对方头上长角的“结论”。

雇员：老板，为什么车间工人加班有加班费，而我们周末加班没有加班费呢？

老板：第一，你们工作的性质不一样；第二，你们拿的是月薪，他们拿的是日薪，工资的性质也是不一样的。

雇员：那为什么我们周末加班迟到还要扣钱呢？这样不就成了加班还要倒贴公司钱？

老板：让你们加班是公司对你们的信任，扣钱是对你们辜负公司信任的处罚。再说了，迟到了要罚款是规定，公司总不能搞两套标准吧？

既然都是错误，诡辩同一般的谬误之间有什么区别呢？从上面对诡辩的分析可以看出来，最大的区别就在于：谬误是无意间造成的，而诡辩则多是主观有意的。

因为：

①猪 = 吃饭 + 睡觉；

②你 = 吃饭 + 睡觉 + 上网；

所以：

你 = 猪 + 上网。

对于一个真理，可以有无数种歪曲它的方法。而诡辩者为达到自己的目的，所采取的方法也是多种多样的。

在司马绍小的时候，他父亲曾问他："太阳和长安哪个离我们近？"

司马绍答道："长安离我们近。因为我们只听说有人从长安来，却没听说有人从太阳来"。

父亲听后很是高兴，觉得儿子很聪明，就想在众人面前卖弄。第二天，他又当着很多人的面问儿子："太阳和长安哪个离我们近？"

没想到司马绍却答道："太阳离我们近。"

父亲感到很奇怪，接着问为什么。司马绍答道："因为我们看得到太阳，却看不到长安。"

太阳与长安哪个近哪个远，当然不能简单地以"有没有人从那里来"或者"能不能看得见"为唯一论据。这只能说明司马绍从小就深谙诡辩之道。

父母有时候会做出一些令孩子无法接受的决定，在这种时候，父母常常这样给自己辩解："我们的生活经验更丰富，对事物的判断也更加成熟，所以我们知道什么是对孩子好的。"于是他们这样告诉孩子："你还小，所以不懂。等你长大懂事后自然就会明白我们这是为你好。"

然后孩子服从了父母的决定，但是随着年纪逐渐增长，孩子并没有看出当年父母所做决定的正确性，反而更加坚信那个决定是错的。于是孩子满十八岁后质问父母："当年你们说等我长大后就会明白你们是为我好，现在我长大了，我怎么没看出你们的决定有什么好的地方？"

父母虽然很尴尬，但还有最后一招，他们回答道："当年我们是说等你长大懂事后自然会明白我们是为你好。现在你虽然长大了，可是你思考问题还是像个小孩一样不成熟。你没看出我们的决定有什么好的地方，这正说明了你还没有懂事！"

不得不承认，这样的诡辩实在是无懈可击。我们再来看一个诡辩的例子。

为什么每天上班这么累？读了下面的数据后你就会知道，并不是因为你缺乏睡眠，而是工作过度。

中国一共有十三亿人口，其中有四亿是已经退休的，那就只剩下九亿人工作了；又有七亿人在农村，那就只剩下两亿人在城市工作了；有一亿是未成年的孩子，只剩下一亿人工作了；有二千万是还在上学的大学生，那只剩下八千万人在工作；这八千万当中有四千万是政府工作人员，三千万人在机关事业单位，只剩下一千万人；有三百万是军人，只剩下七百万人去公司上班；在任意时刻，全国各医院都共有二百八十五万三千七百九十六人在因伤病接受治疗，只剩下四百一十四万六千二百零四人在工作；其中四百一十四万六千一百零二人正在坐牢，只剩一百零二个人；其中一百人是企业高管，他们专门监督和评价别人的工作，所以每天全国只有两个人在工作：你和我！

诡辩的目的并不是追求真理，而是获得对自己有利的"结论"。因此历史上甚至有专门传授诡辩技巧的学派，而现代也有很多商人、政客和不道德的律师等在系统地学习和使用这种技巧。

古希腊著名的哲学家亚里士多德精通逻辑，但他同样也擅长诡辩。有一次他去餐馆吃饭，先要了一碗面条。等面条端来后，他却要求换一盘比萨。等吃完比萨后，亚里士多德抬腿就走。服务生拉住他说道："您还没有付钱呢！"

亚里士多德答道："怎么没有？我吃的比萨是用面条换的呀！"

服务生道："可是面条你也没有付钱啊！"

亚里士多德笑道："我又没吃那碗面，为什么要付钱？"

服务生想不通亚里士多德的话哪里不对，只好放他走了。

生活中也有很多人出于自私的心理，而不自觉地为自己的行为进行诡辩。在逻辑素养不高的人眼中，诡辩是非常具有迷惑性的。

从前有一个县官想买金锭，金店的店家就遵命带了两只金锭给县官查看。县官问道：“这两只金锭怎么卖？”

店家回答：“既然是老爷要买，小人就只收半价。”

县官收下了其中一只金锭，把另一只还给店家，便把店家打发走了。

过了很多天后，店家还是没有收到县官的钱，就上门去问：“请老爷赏给小人那只金锭的价款。”

县官故作惊讶道：“那只金锭的钱不是早就给你了吗？”

店家道：“小人并没有收到过啊！”

县官道：“大胆，竟敢在本官面前信口胡说！当时本官要你两只金锭，你说只收半价，我就把一只金锭当作价款交给了你！”

对于诡辩，黑格尔曾经说过：“诡辩即指以任意的方式，凭借虚假的根据，或者将一个真的道理否定了，弄得动摇了；或者将一个虚假的道理弄得非常动听，好像真的一样。”这段话指出了诡辩有意颠倒是非的特点。

2.4 有效提高做事效率

有时候稍懂一点逻辑，就能大大提高做事的效率。时间对每个人都是平等的，不论你愿不愿意，你无法拥有比别人更多或更少的时间。而且时间一旦失去就不会重来，所以古人早就有“时间就是金钱，时间就是生命”的说法，这便是充分认识到了时间的价值。合理地利用时间就是争取宝贵的生命，使一个人有限的生命更加有效，从而也就等于延长了自己的生命。

有个人在商场里买了几瓶酒，结果回家发现其中有两瓶是假酒。那人第二天找了电视台的人一起去商场理论，但是商场认为那人不能证明假酒是这个商场卖出去的，所以不予赔偿。那人很委屈，但最后也无可奈何。

如果故事中的那个人学过一点逻辑学的话，就知道该如何证明假酒是从那个商场买的了。在他把假酒拿去商场的时候，不让商场里的人直接碰这两瓶酒，并且让有关部门在酒瓶上取出商场里售货员的指纹，然后鉴定这确实是假酒，商场就无法推脱自己的责任了。可见有时要让真相大白并不是什么难事，只需要懂逻辑就行了。

方丈下山游说佛法，在一家店铺看到一尊佛像，形体逼真，神态安然。方丈非常高兴，就问店铺老板多少钱。店铺老板要价5000元钱，加上见方丈如此钟爱这尊佛像，更是咬定价格不放，称分文不能少。方丈只好作罢。

回到寺里，方丈对众僧谈起此事，众僧就问方丈打算以多少钱买下它。方丈说："500元钱足矣。"

众僧都唏嘘不止："再怎么还价，也不可能从5000还价到500啊？"

方丈答道："天理犹存，我佛慈悲，当有办法。"

"怎样普度他呢？"众僧不解。

"让他忏悔。"方丈答道。

众僧更不解了。方丈道："你们只管按我的吩咐去做就行了。"

第二天，方丈派一个弟子下山，去那个店铺和老板砍价，弟子咬定4500元钱，老板就是不卖。

第三天，方丈派另一个弟子下山和老板砍价，咬定4000元钱不放，亦未果回山。

接下来几天也同样，每天下山的弟子出价都比前一天的低几百。过了几天后，下山弟子的出价已经低到了200元钱。眼见每天都有买主来，但出价却一个比一个低，老板很是着急。每天他都后悔不如在前一天卖掉，他终于开始怨责自己太贪心了。

最后，方丈亲自下山，来到店铺说出价500元钱要买下它。老板一听高兴得不得了，当即成交，高兴之余还赠送了放佛像的龛台一具。

学习逻辑能帮助我们明确手头事情的时间价值，以决定优先顺序。如何根据自己的目标来管理时间，这是一项重要的技巧，它能使你朝正确的方向前进，而不致在忙乱中迷失方向。我们都听说过“统筹”这个词。“统筹”就是通盘统一筹划的意思，是指在逻辑的指导下，优化办事的顺序，提高做事效率的一种方法。简单地说，就是如何在最短的时间内，做最多的事情。

小于想在客人到来之前做一道红烧鱼。

做红烧鱼需要这些步骤：洗鱼要5分钟；切生姜片要2分钟；拌生姜、酱油、酒等调料要2分钟；把锅烧热要1分钟；把油烧热要1分钟；煎鱼要10分钟。这些加起来要21分钟，可是客人20分钟后就到了。

为了解决这个问题，小于决定这样做：在等着锅和油烧热的2分钟里，同时拌生姜、酱油、酒等调料，这样一共就只需要19分钟，比原来节省了2分钟。

这就是“统筹”，把不影响前后顺序的、可以同时做的步骤一起做了。把大的事情放在空闲比较多的时间段，小事情放在空闲比较少的时间段，在完成一件事情的同时，还可以做另外一件事。这样，整个时间都会被充分地利用起来。下面再举个简单的例子。

如果一个人想泡茶喝，但是现在没有开水，水壶和茶壶、茶杯也都要洗，他该怎么做？

办法一：先做各种准备工作：洗水壶和茶壶、茶杯，拿茶叶，一切就绪后再灌水烧水，等水开了后泡茶喝。

办法二：先洗水壶，灌上水后烧水，等水开了后，再去洗茶壶、茶杯泡茶喝。

办法三：先洗水壶，灌上水后烧水，在等待水开的时间里洗茶壶和茶杯、拿茶叶，等水开了直接就能泡茶喝。

很明显，第三种方法最省时间。

上述的例子很简单，一般人就算只凭经验也能选择效率最高的那种方法。但是当遇到复杂的问题时，如何安排做事的方法和顺序，更能体现一个人的逻辑能力了。

宋时，有次皇宫中发生火灾，烧毁了大量的房屋。皇帝委派大臣丁谓主管皇宫修复工程。修复皇宫，丁谓面临三个大问题：作为皇宫地基的土从哪来，木材和建筑配件怎么运进京城皇宫里，被烧坏的房屋的瓦砾怎么处理。

其他大臣们都认为这是个吃力不讨好的活，等着看丁谓的笑话。可是丁谓运用逻辑思维想出了一个非常巧妙的解决方案。他先下令在皇宫前的大街上挖沟取土，避免了去城外取土的麻烦。皇宫前的大路被挖成了大壕沟，他就下令从城外的汴河引水进壕沟。于是各种木料和建材就能从水路直接运到皇宫前了。最后等皇宫修复后，他又下令将烧坏的瓦砾和其他建筑废料一起填进皇宫前的沟里，重新修成大路。

丁谓这样巧妙地安排，不但节省了大量人力物力和财力，还大大加快了修复工程的进度。

同样一件工作，有的人只要一天就能完成，而有的人需要两天甚至更长时间，区别就在于前者有更合理的时间安排。一个人不会合理安排做事的顺序和时间，就会被人说“办事没有逻辑性”。所以在分析问题的时候，最重要的是找到合理的解决思路，把原本复杂的问题还原为一系列相对简单的问题进行处理。

首先，对需要做的事情要有一个明确的计划，并且在做事情的过程中及时做好总结。总结的方法很简单：把已经做完的事划去，并给没能按计划完成的事情安排新的时间。有的人在没能完成原定计划后就心生气馁，甚至放弃整个计划。其实制定计划的目的并不是为了给自己施加压力，而是帮助自己建立一个有序的、一目了然的时间安排。因此，我们不用为未完成原计划任务而懊恼，而是要尽快重新安排新的计划。

崔西定律告诉我们：任何事情的困难度与其执行步骤数目的平方成正比。假如完成一件事情需要3个步骤，则这件事情的困难度是9；而假如完成一件事情需要6个步骤，那么这件事情的困难度就变成了36。所以在制定计划的时候要尽量简化流程。

在做事的时候，可以充分地利用空白时间。所谓空白时间，就是某件事情正在进行，而我们只能在一边等待的那些时间。比如排队的时候、等文件下载完成的时候、或是工作任务已经完成在等待下班的时候。对待这样的空白时间，最好的方法就是去做一些所需时间短，不怕被打断，不是很重要的事情。比如上网看看新闻，整理一下杂物，或者随手看几篇短小的小说等。

对于那些日常事务，比如查看邮件，与同事交流等，最佳的方法是在每天预定好的时间集中处理这些事情。比如是在上午或下午工作开始的时候，这样的话，处理这些事务的效率才会提高，并且不会影响主要的工作。

曾经有一个乡村小孩，有人拿出一张五元纸币和一张十元纸币送他，让他从中选一张。他选了五元纸币。人们纷纷嘲弄他，说他太笨了。这事传出去后，很多人都好奇地来找他试验，结果还是这样，这事也就传得越来越远，吸引了更多的人来“做试验”。

过了几十年，这个小孩长大了。有人问他这件事是不是真的，他答道：“是真的。”

“那你为什么选五元的，不选十元的呢？”

那人笑道：“如果一开始我就选十元，那以后还有谁会拿钱来给我选呢？”

我们都学过苏轼的《题西林壁》，其中“横看成岭侧成峰，远近高低各不同”描述的是由于游人所处的位置不同，因而看到的景物也各不相同。实际上看一件事情也是这样，往往换个角度就能看到不一样的地方，会有不同的观察结果和结论。此外，就算是在同一个角度，由于不同的人有不同的思维方式，他们也会有不同的观察结果和结论。因此，当我们在生活中遇到困难的时候，不妨试着换个角度、换个方式去思考，或者可以参考一下周围人的意见。

1997 年香港回归的时候，中英两国政府在香港会展中心举行交接仪式。7 月 1 日零时整，随着中华人民共和国国歌响起，五星红旗缓缓升起，并在国歌结束的时候正好升到旗杆顶端。

在交接仪式举行前几个星期，仪仗队遇到了一个严重的问题：担任升旗任务的仪仗队在现场进行排练的时候，发现当国歌演奏完的时候，国旗却还没有升到顶端，总是差一小段距离。担任升旗手的都是已经练习了无数次的熟手，按理应该是毫厘不差的，为什么在现场排练总是会差一段距离呢？负责人试图从升旗手个人的角度找原因，但并没有收获。后来，大家转换思路，会不会是旗杆的高度有问题呢？测量结果发现，这个旗杆不知为何竟然比原定的高度要高出一截。

可是时间上已经来不及拆除旗杆进行修改了。如果临时让升旗手稍微加快升旗速度，也不能保证精确无误。最终大家转换思路想出了解决方法：在旗杆周围的地毯下加上一块和旗杆多出的高度相同的垫板，这才使最后的升旗仪式准确无误地顺利完成了。

可见，在遇到难题的时候，沉着冷静地换个角度观察和分析问题，往往有助于问题及时有效地解决。

我们都知道直升机是靠顶上的螺旋桨飞起来的，但是螺旋桨在旋转的时候会产生扭矩，使下面的机体反方向旋转。在最初发明直升机的时候，怎么解决螺旋桨产生的扭矩，是个大问题。一开始人们试着给直升机加上一个反方向螺旋桨，但是这对制造工艺有太高的要求，限于当时的工业技术，这个实验并不顺利。后来美国人西科斯基别出心裁地设计了一个尾桨，解决了这个难题。比起反方向螺旋桨，尾桨制作简单，很快就成了民用直升机的标准配置。

这便是在面对一个问题时，原有的解决问题的方式受阻，而转换思考角度，以新的方式解决问题的例子。

圆珠笔刚发明的时候也面临一个难以解决的问题：非常容易漏油。这种漏油是由于笔端的钢珠在写字过程中磨损造成的，因而很多人都在钢珠硬度和耐磨性上寻找解决方法。但是要想找到廉价又更耐磨的材料却并不是一件容易的事。

这时有个人转换了思路，他想既然钢珠的磨损难以避免，那减少圆珠笔笔管中的油量，使笔油在钢珠还没有用坏之前就先用完了，漏油的问题不就解决了吗？于是他买来大量圆珠笔，统计出一般用了多少油后就会出现漏油的现象。然后他将笔管中的油量减少到那个量以下，从而解决了圆珠笔漏油的问题。

换个角度看问题往往带有浪漫主义的色彩，看似问题在此，其实答案在彼，所以有时也被称为“跳跃式思维”，实际这种思维并不是“跳跃”，而是“跳出”，跳出固有的思维模式，“反其道而思之”，让思维向其他方向发展，深入地进行探索。

有一个人想渡河，他看到河边有很多船夫，就问道：“在你们当中，哪位会游泳？”

船老大们围上来，纷纷抢着回答道：“我会游泳，客官坐我的船吧！”“我水性最好，坐我的船最安全了！”

只有一位船老大没有过来，只站在一旁看着。要过河的那人就走过去问：“你会游泳吗？”

那个船老大不好意思地答道：“对不起，客官，我不会游泳。”

谁知要过河的那人却高兴地说道：“那正好，我就坐你的船！”

其他船老大非常不满，就问：“他不会游泳，万一船翻了，不就没人能救你了吗？”

要过河的那人却笑着答道：“这位船老大不会游泳，他就会万分小心地划船，所以坐他的船是最安全的。”

有句名言道：“如果你不能改变它，就将其作为特色。”有时候我们也可以利用事物的缺点，将“缺点”变成“特点”，化被动为主动，化不利为有利。

有家时装店的店员不小心在一条高档呢裙上烧了一个小洞。按常理来说，这条裙子就卖不出去了，就算是把洞织补起来，也只是蒙混过关，欺骗顾客。这时店员突发奇想，干脆在洞的周围又挖了许多小洞，并将这些洞精细地修饰起来，然后将其命名为“凤尾裙”，作为新款裙子放在货架上。谁知这种款式一下子畅销起来，这家时装商店也从此出了名。

因此，具备一定逻辑能力的人，不但可以更好地安排做事的顺序，还能用与常规不同的思维方式，从新的角度认识和解决问题，大大提高做事的效率。

2.5 逻辑也并不是万能的

逻辑是万能的吗？我们先看下面两个命题：

①黄山在安徽省。

②黄山的风景非常优美。

第一个命题是个基于客观事实的命题，它可以用逻辑结合事实来分析，它要么是真的，要么是假的。但第二个命题却带有主观的因素，对这种命题，我们就没有办法用逻辑来判断它的真假。换句话说，对于客观命题，从逻辑出发得出的结论是没有争议的，但对于主观命题，逻辑就无能为力了。

经济学中有一个叫作“理性人”的假设，即假设所有参与经济活动的人都是理性的。但这个假设从一开始就遭到了各方面的质疑，甚至有人编了一个情景来进行反驳。

有一天，地球上来了一个掌握着非常先进科技的外星人欧米伽。欧米伽对人类的大脑和思维方式进行了研究，然后他宣布可以十分准确地预言一个人类在面临二者择一的选择时会选择哪一个。有很多人都来参加了欧米伽的试验，结果表明每一次欧米伽都完全正确地预测出了受试者的选择。

后来欧米伽要回宇宙了。在临行前，他留下两个大箱子，并对一个人说道：“左边的箱子里装着一千美元；右边的箱子里可能装着一百万美元，也可能是空的。你有两种选择：一种选择是把两个箱子都拿走，但是当我预测你会这样做时，我就让右边的箱子空着，你就只能得到一千美元；另一种选择是只拿右边的箱子，如果我预测你会这样做时，我就在右边的箱子里放一百万美元。”

说完，欧米伽就离开了。这个人想来想去不知道该怎么选择。

有人劝他只拿右边的箱子，因为既然欧米伽能预测人类的选择，那么拿两个箱子就只能得到一千美元，拿右边的箱子可以得到一百万美元。

可是另一些人却不以为然：既然欧米伽已经离开了，右边箱子里有没有钱就已经定了。所以应该两个箱子都拿，这样无论右边箱子里有没有钱，都不会有损失。

这个人到底应该怎么选呢，这成了哲学家们争论不休的难题。也许你认为第一种说法更有道理。但是要记住，欧米伽已经走了，右边的箱子里也许有钱，也许空着，这是不会再改变的。如果右边箱子里有钱，那人只拿右边箱子，他得到一百万美元，如果他两个箱子都拿，就会得到一百万零一千美元。如果右边箱子是空的，他只拿右边的箱子就会什么也得不到，但如果他拿两个箱子，就得到一千美元。所以无论右边箱子里有没有钱，选择拿两个箱子都能多得一千美元。

事实上，这个难题巧妙地将人的非理性部分包上了一层理性的外衣，从而形成悖论。具体说来就是用一个“掌握先进科技的外星人”的“理性”概念来替换我们更熟悉的“全知全能的神”的非理性概念。所以实际上，选择只拿右边箱子的人是选择了相信自己的“信仰”，也就是选择遵从自己的非理性；而选择两个箱子一起拿的人是选择了相信自己的逻辑分析，也就是选择相信自己的理性。

人是很复杂的，单纯的“理性人”假设并不能完整地描述这个世界，单纯的逻辑也不能处理生活中所有的事情。

有一对夫妻都是学法律的高材生，为了规范婚后双方的生活，他俩在结婚前利用自己的专业知识制定了很多双方要遵守的“法律条款”。结婚后一年，他们之间的条款已经有十几万字了。但是随着条款的增加，他俩却越来越感觉生活没有了幸福感。

于是，他们去请教自己的老师，老师告诉他们：“生活不是单纯的逻辑，你们要允许非逻辑的存在，你们可以尝试废止这些条款。”

夫妻俩接受了老师的意见，把制定的那些条款全部废除了。之后，他俩觉得生活顿时轻松了许多，也比以前更加快乐了。

如果说“逻辑”是理性的浓缩，那么感性的浓缩就是“道德”。下面一个小例子就能说明这两者的差别。

你在小卖部买饮料，买完回到寝室发现小卖部的营业员姑娘多找给你十块钱。这时“逻辑”告诉你，留着这十块钱更有经济利益；但“道德”会告诉你不要贪图小利，应该把十块钱还回去。

很多人觉得在生活中男人更加有逻辑性，是理性动物；而女人大多没有逻辑，更多凭直觉行事。不管这种观点是正确的还是只是一种偏见，但众多爱情剧里女主角非理性地对待男主角的场面肯定对很多年轻女性是有影响的。

很多讲逻辑的男人，在面对感性的女人时，往往显得左右为难，不知女人葫芦里卖的是什么药，于是就说女人“口是心非”，批评女人没有逻辑。这正是因为那些男人分不清什么时候应该讲逻辑，而什么时候逻辑应该让位于感情、让位于非理性。

如果你情不自禁地吻了一个女人，她娇嗔地说“你真讨厌！”这说明她从内心里喜欢你，希望你勇敢一点。

如果你对她说“你真漂亮”，她却说你在“胡说八道”，其实她的内心甜滋滋的，恨不得你再说十遍。

所谓“男人不坏女人不爱”，这句话虽然太过武断，但也反映了太讲究理性的男性并不会吸引异性青睐，因为爱情本来就是个非理性的世界。而所谓的“坏男人”大多深谙女人的心理，能读懂女人非理性的背后藏的是什么。爱情和理性在很多时候是对立的，在感情上太讲逻辑多数不会有太好的结果。

在普通人之外，有一群人接受过严格的逻辑思维训练，他们是自然科学家，其中又属数学家的思维逻辑最为严密。如果把他们职业中严密的逻辑思维带入到日常生活中，就会产生很多有趣的对话。

一位物理学家和一位数学家一起坐飞机从上海飞往北京。经过山东省的时候，他俩看到地上有一只黑色的绵羊。

物理学家描述道：“在山东省境内有一只黑羊。”

数学家则描述道：“在东部某处，存在一只羊，背部呈黑色。”

他们职业性的严密思维有时在普通人看来是很引人发笑的。

一位数学家和朋友在散步，他俩看到旁边山坡上有一群羊的身上没有毛，朋友就说道："这些羊刚剪过毛。"

数学家答道："从这边看，好像是的。"

笑话中数学家的朋友就是我们这种普通人，对一件无法全面观察的事物，我们会从已观察到的角度以经验和常识来想象并判断我们对这件事物无法观察到的那种角度。但严密的逻辑思维只会承认已观察到的角度，对于无法观察到的角度则保留意见。

当然这并不是说逻辑在日常生活中就没用了，只是要分清理性和感性的场合。在理性的场合必须正确地讲逻辑，而在感性的场合则不必那么呆板。

2.6 如何锻炼逻辑能力

逻辑思维是一种技能，它并不是人类先天就具有的，是要靠后天的学习和锻炼才能够熟练地掌握并应用的。如果不熟练掌握，就会闹很多笑话。

某天晚上，一个人的汽车在一条高速公路上抛锚了。他下车检查后发现是一只轮胎爆了，尽管他有备用轮胎，可是却怎么也找不到千斤顶。这是条很偏僻的公路，可能很长时间都不会有车辆经过。这时他远远望见前方路边有一座亮着灯的房子，他决定碰碰运气，去向屋子里的人借千斤顶。

在路上，这人不停地想："要是屋子里没有人怎么办？"

"要是没有千斤顶怎么办？"

"要是那家伙有，却不肯借给我怎么办？"

就这样，他越想越生气，当他走到那房子前的时候已经气得不行了。他敲开门，主人刚一出来，他就冲人家吼道："有个千斤顶有什么了不起的！"

主人莫名其妙，以为他精神不正常，直接就把门关上了。

这就是没有逻辑思维的人被非理性控制后做出的蠢事。非理性包括上一节提到的爱情、信仰等这些积极的感情，也包括愤怒、嫉妒、仇恨等这些消极的感情。而锻炼逻辑能力在很大程度上就是要帮助自己克服这些消极的非理性感情。

有个人在沙漠里捡到一只神灯。神灯里的神仙出来后对他说道："感谢你把我救出来，现在我可以满足你任何一个愿望，但是无论你许什么愿望，你的邻居都会得到双份的报酬。"

那个人一开始非常高兴，想了很多要许的愿望。但是转念一想，如果自己得到一块地，邻居就会得到两块地；如果自己得到一箱宝石，邻居就会得到两箱宝石；如果自己得到一个美女，邻居就会得到两个美女……

他实在不甘心被邻居白占便宜，最后一咬牙，对神仙说道："你把我打成半死吧。"

现实生活中，心存嫉妒的人无处不在，这个笑话就反映了受嫉妒的影响后，产生的可笑结果。

那么要如何锻炼自己的逻辑能力呢？当一个人绞尽脑汁思考一个问题的时候，常常说"死了很多脑细胞"，但实际上人的大脑就像肌肉一样，越用越发达。以下是锻炼自己逻辑能力的一些方法。

（1）多辩论，少争吵，更不要诡辩。这里说的辩论不只包括和别人进行的辩论，也包括自己和自己辩论。想一下自己有哪些既定的观点，然后不妨把这些观点作为辩论对象，看看自己能不能用事实和逻辑驳倒这些观点。如果能驳倒，反问一下自己为什么会有这个既定观点，是不是由于非理性的原因形成的？另外也可以看些辩论赛，辩论赛的正反双方是在辩论、争吵，还是在诡辩？如果是争吵或诡辩的话，他们的逻辑漏洞有哪些？抛开正反双方的观点，你对辩题的观点是什么？你的观点是建立在什么事实和逻辑上的？

（2）敢于质疑，学会换个角度思考问题。无论是权威还是传统，如果你发现在逻辑上明显和事实不符时，就要敢于去质疑。就算最后证明是自己错了，也可以借此发现自己不足的地方。

要想有质疑的能力，首先要善于观察。平时多注意身边的事物，留意事物与事物之间的相同点与不同点。只有对事物的观察细致入微，才能从中发现核心的属性，进行归纳。归纳是一种抽象的逻辑思维方式，边观察边归纳就是一种逻辑思维训练。

小王的手电筒快没电了，就去买了两节新电池。可是他又觉得旧电池里还有一点余电，扔掉太可惜了，就把一节旧电池和一节新电池装进电筒，想让旧电池发挥下“余热”。

谁知这样组合以后，手电筒没用几天又暗了下去。小王很奇怪，把另外一对电池装进电筒，发现也是没几天就没电了。小王很生气，拿着电池去商店理论，说是伪劣产品。商店店员了解情况后答道：“这不是新电池电量足不足的问题，而是因为您使用方法不正确。”

原来小王不懂简单的电学知识，他舍不得扔掉的旧电池在电路里成为电阻，白白耗费了新电池的电量。

现在的大部分人都是从小一路参加考试长大的，而这些考试大部分都是标准化测验，也就是只有一个标准答案，其实这严重影响了逻辑思维能力的发展。因为这种标准化考试并不需要太多活跃的思维，很多时候考的是记忆能力。所以当遇到需要在纷繁复杂的众多可能中用假设来寻找出一个最佳、最合理的方法时，很多人往往会变得束手无策。因此我们需要有意识地去活跃自己的思维，时常问自己这样一个问题：有没有其他的思考角度？

我们都拍过集体照，也知道拍集体照最大的难点就是在拍照的瞬间怎么保证所有人都是睁着眼睛的。传统的做法是，摄影师让大家都睁大眼睛，注意力集中，然后摄影师喊：“一、二、三。”在喊到“三”

的时候按下快门。

有个专门给人拍集体照的摄影师，他发现传统的方法并不能完全解决问题。有的人睁着眼睛坚持了一会儿后，恰巧在数到“三”的时候不争气地坚持不住了；甚至有的人越是不停地注意在“三”的时候不要闭上眼睛，却越是在听到“三”的时候不自觉地闭上眼睛。

为了解决这个问题，这个摄影师换了个思路，并且取得了意想不到的效果。他的方法是：先请所有的人都闭上眼睛，然后摄影师喊：“一、二、三。”在喊到“三”的时候，大家一起睁开眼睛，摄影师按下快门。照片冲洗出来一看，一个闭眼的也没有。

换一个思路，很多难题都可以迎刃而解。让自己的思维活跃起来，对周围的事物充满热情与好奇，这样才可能从中发现规律，看清事物的本质。

（3）灵活而经常地使用逻辑。要想掌握使用逻辑的技巧，只能靠熟能生巧。另外，锻炼逻辑能力就像锻炼肌肉一样，并不是短时间内就能有明显效果的，必须时时注意使用逻辑。我们在做事情时，在阐释自己的观点时，在评价某个事物时，都要提醒自己注意逻辑的使用。

普罗塔哥拉是希腊很有名的法律教师，他收了一个很有才气的穷弟子，答应暂时不收学费，等他完成学业，打赢第一场官司后，再付给普罗塔哥拉一笔钱作为学费。弟子答应照办。

有趣的是，等弟子完成学业之后偏不去跟人打官司，游手好闲了很久。为了得到那笔钱，普罗塔哥拉将弟子告到法庭，要求弟子马上付给他学费。双方在法庭上提出了各自的论点。

弟子：如果我打赢了这场官司，那么根据判决，我不必付学费。如果我打输了这场官司，那么我还没有“打赢第一场官司”，而我打赢第一场官司之前不必向普罗塔哥拉付学费。可见，不论这场官司我是赢是输，我都不必付学费。

普罗塔哥拉：如果他打输了这场官司，那么根据判决，他必须马上向我付学费。如果他打赢了这场官司，那么他就“打赢了第一场官司”，因此他也必须向我付学费。不论哪种情况，他都必须付学费。

到底他俩谁说得对呢？

这个案例很有趣，其关键点是把法律的判决和师徒之间的承诺视为具有同等效力，所以变成了一个让人左右为难的问题，很多人都不知该怎么回答。但是，根据逻辑，比较好的回答是：法院可以判弟子胜诉，也就是他不需要马上付学费，因为他还没有打赢头场官司。等这场官司一了结，弟子就欠普罗塔哥拉的债了，所以普罗塔哥拉马上再告弟子一状。这次法院就该判普罗塔哥拉胜诉了，因为弟子如今已经打赢过官司了。

第三章

逻辑怎么个讲法

3.1 什么是有逻辑的论证

所谓“讲逻辑”，就是在思考或论证一个命题时，使用正确的逻辑方法。为了更好地理解讲逻辑的过程，我们需要明白包含在这一定义中的一些重要概念。我们先来看看组成一个逻辑论证的最基本的元素：命题。

所谓命题，就是一个或者“真”或者“假”的陈述句。

这群羊是白色的。

所有的羊都是白色的。

有些羊是白色的。

这三句话各是一个命题。其中第二个命题是假的，因为它所描述的内容与事物的实际情况不符合；第三个命题则是符合事物实际情况的“真”命题；而第一个命题则可以通过观察那群羊的颜色来判断真假。逻辑学上把这叫作一个命题的真值，不过我们不需要讲得太学术，只要知道“命题”就是指一个可以判断真假的陈述句就可以了。

请勿随地吐痰。

快去把碗洗了。

您吃了吗？

恭喜发财！

以刚才的定义来看，上边的四句话都不是逻辑论证中所需要的“命题”。“请勿随地吐痰”和“快去把碗洗了”是祈使句，祈使的对象可以选择服从或不服从，但都无所谓“真”或者“假”。“您吃了吗？”并不是陈述句，自然也没有真假的概念。最后一句是祝福的话，也没有真假，不是命题。但将这四句话稍微改动后就可以成为命题了：

广场的告示牌上写着“请勿随地吐痰”。

妻子要求丈夫快去把碗洗了。

老张问老王：“您吃了吗？”

老王给老张拜年，说道：“恭喜发财！”

论证是逻辑活动，任何特定的论证都是推理过程的具体表现。逻辑论证的目的，就是通过一些已知真假的命题去推导出另一些命题的真假。“讲逻辑”就是指在你表达自己观点的时候，并不是只把含有自己观点的命题直接扔给对方，而是通过已知真假的命题用逻辑的论证推导出自己的观点命题。为了更好地理解这个过程，我们来仔细地考察一下“命题”的一些特点。

大致上，命题可以分成两类：直言命题和假言命题。

我感冒了。——直言命题

我可能感冒了。——假言命题

直言命题清楚明确地描述了事物的属性，更容易进行对命题真假的判断，所以在逻辑论证过程中应该尽量使用直言命题。针对直言命题进行的论证是最有效的辩论，因为它提供给我们的是确定的信息。“我感冒了”与“你没感冒”之间的分歧总比“我可能感冒了”与“你可能没感冒”之间的分歧大得多。事实上，后两句话在逻辑上是等效的。

当然，尽量使用直言命题不等于必须使用。能否使用直言命题取决于实际情况，假如你确实不知道自己有没有感冒，使用假言命题才是正确的。

直言命题根据描述的对象不同，可以再细分成全称命题和特称命题两种。全称命题又分为全称肯定命题和全称否定命题两种。全称肯定命题意味着“所有的”、“每个”，它肯定了某个类别所有事物的某种共性。全称否定命题是指“没有”，它强调某个类别缺乏某种特性。全称命题的特点是：如果命题为真，那么命题所描述的内容将适用于同一类别中所有的个体。

所有的熊猫都是黑白两色的。

如果这个命题成立，那么任何一只熊猫都是黑白两色的，“有些熊猫是黑白的”也必然成立。但使用这个简单的推理过程时却要非常小心，因为它体现了论证中从全称到特称的逻辑推理过程有内在的必然性，我们必须在能保证这个必然性成立的情况下去使用它。

没有人会同意那个观点。

如果这个命题成立，那么“任何一个人都不会同意那个观点”。

全称命题就是这样简单的概念，生活中经常会有人使用。一个全称命题必须满足以下两个条件才是真的：它所陈述的事物是真实的；这个事实适用于整个类别。不过生活中所使用的语言有时并不是那么精确。

中华民族勤劳勇敢。

这个命题在逻辑上就是模糊的，它可以被解释成以下命题中的任何一个。

中华民族所有的成员都勤劳勇敢。

中华民族大部分的成员都勤劳勇敢。

中华民族有些成员勤劳勇敢。

当我们这样区分开后，就会发现第一个全称命题显然是假的，因为我们身边总会有些人不那么勤劳勇敢。如果我们只是顺口说出“中华民族勤劳勇敢”，往往不会有这种区分，而是下意识地去认同“中华民族所有的成员都勤劳勇敢”。这种思维的缺点经常被宣传广告所利用。要想做一个讲逻辑的人，就必须在遇到这种口号式的命题时多思考一下其中的含义是否符合事实。

直言命题的另一个形式：特称命题。只要命题中没包括类别中的所有成员，它就是特称的。特称命题和全称命题是对立的，它的特点是其所表述的内容是事物的部分个体。

小王今天请假了。

很多猫不抓老鼠。

当我们讨论一个命题是特称命题还是全称命题时，关注点在于命题表达的是不是一个类型的整体，不管它包含的部分是大是小，是单个还是绝大部分，只要并不代表整体，它就是特称命题。特称命题无论是肯定还是否定，都不对其类别的所有个体发生作用。

全称命题和特称命题的区别很明显：无论是肯定还是否定，全称命题都很明确，它或肯定或否定整个类别的某种特性；相反，特称命题通常都是模糊的。例如“有些”、“某些”这些词指的可能是绝大部分，也可能是很少数，这就可能会导致论述的麻烦，所以在使用特称命题时，应尽可能地精确。

了解了命题的概念后，我们再来看看什么是论证。所谓“论证”就是一个命题的系列，这些命题根据互相之间的逻辑关系分为前提和结论两部分。

所有素食主义者都是和平主义者。

小陈是素食主义者。

所以，小陈是和平主义者。

在这个论证的过程中，“所以”一词显示了三个命题之间的逻辑关系：前两个命题是这个论证的“前提”，第三个命题是这个论证的“结论”。这就是一个论证最普遍的结构：以若干个作为前提的命题出发，得到若干个作为结论的命题。由此可知，论证是由若干个命题组成的，无论是前提还是结论，都由命题来表示。因此，逻辑论证的基本步骤或者说“推理”的过程，就是根据已知正确的若干命题，推断出其他命题。

对于论证中的前提和结论，通常我们可以通过上下文中的“逻辑指示词”来进行区分。常见的用于指示前提的逻辑指示词有“因为”、“由于”等表示原因的词，而对结论来说，常见的逻辑指示词有“所以”、“因此”等表示结果的词。

因为突降大雪，所以火车大面积晚点了。

上面这个论证不是想讲述火车大面积晚点的事实，而是要解释这个事实发生的原因。“突降大雪”是前提，“火车大面积晚点”是前提导致的结论，只要前提是真的，我们就可以理解火车为什么大面积晚点了。在实际生活中，我们也经常会遇到一些比较复杂或者比较委婉的说法，比如“考虑到我们面临的如下困难”表示前提，“我们有必要采取如下的措施”表示结论等。

前提是论证的基础，推论出命题的正确性，要建立在已知命题的正确性上，所以建立一个正确论证的第一步，就是要确认前提的正确性。在上述的论证中，如果没有突降大雪，那论证就不成立，我们仍然无法解释火车大面积晚点的原因。当然，前提正确只是论证成立的必要条件，却不是充分条件。

所有猫都会飞。小黑是只猫。所以小黑会飞。

很多宠物猫都不会抓老鼠了。小黑是只宠物猫。所以小黑不会抓老鼠。

第一个论证有个错误的前提，因此得到的结论并没有说服力。第二个论证的前提都是正确的，但它得到的结论仍然是没有说服力的，因为命题间的逻辑关系并不成立，关于这一点，会在下一个小节里进行更详细的讨论。

在我们和别人口头或者书面的交流中，论证是最常用到的逻辑过程。除了用来准确地表达自己的观点外，论证也可以用来发现事实真相。

小福尔摩斯正在调查一宗盗窃案。目前只有两个嫌疑人，老王和小郭。经过取证，在盗窃案发生的时候，老王正在另一个城市里。所以小福尔摩斯推断作案者是小郭。

上述案例中，小福尔摩斯用来推断作案者的方法即是一个简单的论证。传统的侦探小说中有很多侦探通过各种已知的线索，也就是已知的命题，来论证出凶手是谁的结论，这往往也是整部小说中最高潮的部分。

3.2 论证的有效性和形式

我们对怎么讲逻辑，也就是怎么论证一个命题有了初步的了解。那么怎么判断一个论证的正确与否呢？在逻辑上，我们需要对这个论证进行两个角度的检验：有效性、可靠性。只有这两个标准都能通过，我们才说这个论证的过程和结果都是正确的。本节先介绍怎么考察一个论证的有效性，也就是考察一个论证从前提到结论的过程是否正确、合理，是否能够在逻辑上支持其结论。

“有效”这个词在日常生活中的含义并不像在逻辑学中那样明确，它在口语中常常是“正确”的代名词。但是在逻辑上，当我们说一个论证“有效”的时候，指的是论证前提和论证结论之间的逻辑关系正确，但并不保证论证前提或结论本身符合事实。

一个“有效的论证”，其定义如下：如果论证的前提是真的，那么论证的结论必然是真的。

所有的猫都会爬树。花花是只猫。所以花花会爬树。

如果我早上八点后起床，我上班就会迟到。我八点十分才起床。所以我上班要迟到了。

你要么去做作业，要么去做家务。你已经做完作业了。所以你只能去做家务。

这三个论证就都是有效的。在定义中，需要特别注意两个地方：

（1）必然性。在有效论证中，前提和结论之间是必然的联系。当前提为真时，结论的真是绝对的，而不是偶然或可能。换句话说，一个有效论证排除了“前提真而结论假”的任何可能。

（2）逻辑关联性。定义中的“前提真”和“结论必然真”之间是用“如果……那么……”的逻辑关联词联系起来的。所以我们关注的只是前提和结论之间的关系，至于两者实际上是否为真并不考虑。事实上，就算一个论证的前提和结论都是真的，但如果两者之间的逻辑关系不正确，我们也认为这个论证是无效的。

为了加深对“有效性”的理解，看看下面的例子。

所有公司的老板都很小气。老张是我们公司的老板。所以，老张很小气。

这个论证的第一个前提“所有公司的老板都很小气”显然是个假命题，但这个论证仍然是有效的。因为如果“所有公司的老板都很小气”和“老张是我们公司的老板”这两个前提是真命题的话，“老张很小气”这个结论就必然是真的。

所有人都是猪。所有猪都会飞。所以，所有人都会飞。

这个论证就更加离谱了，无论是两个前提还得得到的结论都是假命题。但是如果“所有人都是猪”和“所有猪都会飞”是真命题的话，“所有人都会飞”也必然是真命题。因此这也是个有效的论证。

现在，这个概念我们应该很明确了：一个论证“有效”并不保证这个论证的前提或者结论为真。那么反过来如果一个论证的前提和结论都为真，是否这个论证肯定有效呢?

有些科学家会拉小提琴。爱因斯坦是个科学家。所以，爱因斯坦会拉小提琴。

这个论证的前提和结论都是真的。但是这个论证不能做到“如果前提真，则结论必然真”。就算爱因斯坦不会拉小提琴，也不会和“有些科学家会拉小提琴”、“爱因斯坦是个科学家”这两个前提矛盾。所以这并不是一个有效论证。可见，就算一个论证有真前提和真结论，它也不一定是有效的，“作为前提的命题是真的吗”和“这个论证是有效的吗”这是两个互不相关的问题。

既然论证的有效性和命题的前提及结论真假没有关系，我们为什么还要去关心它呢? 因为“有效性”指的是前提和结论之间的逻辑关系是否正确，如果一个有效论证的前提都是真的，那么它的结论一定是真的；反过来，如果一个有效论证的结论是假的，那么这个论证的前提中至少有一个是假的。这被称为有效论证的“保真性”，即我们从真的前提出发，并且根据有效的逻辑进行推理，我们得到的肯定是真的结论。

那么，如果我们从假的前提出发，并且根据有效的逻辑进行推理，我们得到的肯定会是假的结论吗?

所有小说家都会拉小提琴。爱因斯坦是个小说家。所以，爱因斯坦会拉小提琴。

这个论证的两个前提都是假的，然而通过有效的论证，得到的结论却是真的。所以有效性并不保持假，只有“保真性”，没有“保假性”。如果从假前提出发进行有效推理，我们并不能从逻辑上判断得到的结论是真是假。

总结一下，一个有效论证指的是：如果前提真，那么结论必然真。一个无效论证指的是：当其前提都真时，结论并不必然真。

现在，你能判断下面的三个论证是有效论证还是无效论证吗？

所有猴子都是动物。所有人都是猴子。所以，所有的人都是动物。

我喜欢你，所以你也喜欢我。

如果小赵今天来上班，他就能见到小红。但是小赵今天没有来上班，所以他不能见到小红。

第一个论证是有效的，第二个论证是无效的，第三个论证是无效的。

也许你会以为第三个论证是有效的，因为在生活中，我们经常用类似的结构来论证一个命题：“如果他 ××，他就能○○；可是他没有 ××，所以他才没能○○”。实际上，这是个逻辑上无效的论证。以第三个论证为例，从“小赵去上班就能见到小红”这个前提出发，在逻辑上无法得出“小赵不去上班就不能见到小红”的结论。我们可以在原来的论证中修改一些词，使其变成有效的论证：“小赵只有今天来上班，才能见到小红。但是小赵今天没有来上班，所以他不能见到小红。”

为了快速检验一个论证是否有效，我们引入“形式”的概念。考虑下列的两个论证：

所有吉林人都是东北人。所有东北人都是中国人。所以，所有吉林人都是中国人。

所有熊猫都是濒危动物。所有濒危动物都需要保护。所以，所有熊猫都需要保护。

这两个有效论证有着相同的结构，我们把前提和结论中涉及的具体事物抽象出来，只保留相互间的逻辑关系，得到如下的论证：

所有A都是B。所有B都是C。所以，所有A都是C。

这便是一个有效论证的"形式"。这里的字母A、B和C都是具体事物的抽象，比如假设"A"代表"苹果"，"B"代表"水果"，"C"代表"好吃的"，我们就有了这样一个论证：

所有苹果都是水果。所有水果都是好吃的。所以，所有苹果都是好吃的。

同样的，我们也可以用任何词项代入形式中，而不会影响整个论证的有效性。这种方法我们称为这个形式的一个替换例。需要注意的是，对抽象字母的替换必须是前后一致的，即如果"苹果"代替了形式中的"A"，那么它就必须代替这个形式后面出现的所有的"A"。

有效论证的形式有很多，下面是另一个有效的论证形式。

所有A都是B。有些C不是B。所以，有些C不是A。

我们举两个这个形式的替换例：

所有钻石都是无色透明的。有些宝石不是无色透明的。所以，有些宝石不是钻石。

所有猫都是动物。有些生物不是动物。所以，有些生物不是猫。

在第一个论证中，"钻石"替换了"A"，"无色透明的"替换了"B"，"宝石"替换了"C"。在第二个论证中，"猫"替换了"A"，"动物"替换了"B"，

“生物”替换了“C”。因为这两个论证都是有效论证形式的替换例，所以这两个论证都是有效的。

现在，让我们来看一下什么是无效的论证形式。下面的论证有两个真前提和一个假结论，因此它是无效的。

所有猫都是动物。所有狗都是动物。所以，所有猫都是狗。

我们把“猫”、“狗”、“动物”这些具体的事物抽象出来，得到下面的形式：

所有A都是B。所有C都是B。所以，所有A都是C。

这个论证形式是无效的，因为我们前面已经构造出了一个它的替换例论证，从真前提出发得到的是假结论。

这也使我们知道了印证一个论证是否有效的方法：首先从论证中抽象出它的形式；如果这个论证形式的有效性值得怀疑，我们可以设法构造一个前提真而结论假的替换例，如此我们就可以证明这个论证的形式是无效的；以此，我们也就能断言这个论证是无效的。

现在，让我们实际应用一下这个方法，考虑下述论证：

所有男性都是人。有些人不是上班族。所以，有些上班族不是男性。

这个论证的前提结论都是真的，但这是个有效的论证吗？我们把上述论证的形式抽象出来，如下：

所有A都是B。有些B不是C。所以，有些C不是A。

这个形式有效吗？我们试着构造一个这样形式的前提真但结论假的替换例：

令“A”等于“男性”，“B”等于“人”，“C”等于“小伙子”，得到如下的替换例：

所有男性都是人。有些人不是小伙子。所以，有些小伙子不是男性。

这是个前提真而结论假的替换例，我们便证明了这是个无效的形式，因此“所有男性都是人。有些人不是上班族。所以，有些上班族不是男性。”这是个无效的论证。

我们把一个具有真前提和假结论的替换例，称为一个形式的“反例”。反例通过显示一个形式不具有“保真性”，来证明这个形式的无效性。

一个好的反例，必须具有下述特征：它必须有相同的形式；它的前提必须是众所周知的真理；其结论必须是一个众所周知的谬误。

如何准确而快速地构造出一个反例？我们以下面的论证为例：

所有政治家都不是慈善家。所有慈善家都是好人。所以，所有政治家都不是好人。

我们首先识别这个论证的形式。把其中的具体事物用抽象字母代替，令“A”表示“政治家”，“B”表示“慈善家”，“C”表示“好人”，我们就可以得到如下的形式：

所有A都不是B。所有B都是C。所以，所有A都不是C。

接着，我们要构造一个前提是确知真理，而结论是确知谬误的替换例。替换的词项最好是一些非常容易理解和常见的词汇，比如：“猫”、“狗”、“哺乳动物”、“动物”等。我们先用这些简单的词构造一个有“所有A都不是C”形式的假命题：

所有狗都不是动物。

这其中，“A”等于“狗”，“C”等于“动物”，为了遵循替换的一致性，前提中的“A”和“C”也应分别替换成“狗”和“动物”，于是得到：

所有狗都不是B。所有B都是动物。所以，所有狗都不是动物。

现在我们需要寻找“B”的一个替代项，使得两个前提都为真。很容易就能发现，当“B”等于“猫”时，两个前提都为真。于是得到：

所有狗都不是猫。所有猫都是动物。所以，所有狗都不是动物。

最后检查一下这个论证，我们可以确信，这就是我们要寻找的一个前提明显真而结论明显假的反例。于是原论证“所有政治家都不是慈善家。所有慈善家都是好人。所以，所有政治家都不是好人。”是无效的论证。

构造反例时我们还需要注意的一个问题是我们经常会遇到“有些”这个词。

所有苹果都是水果。有些水果是好吃的。所以，有些苹果是好吃的。

在逻辑中，“有些”是个模糊的词，可以替换成“至少有一个”这样更加精确的表达方式。因此，上述论证等价于：

所有苹果都是水果。至少有一个水果是好吃的。所以，至少有一个苹果是好吃的。

很明显这是个无效的论证。

生活中经常会遇到一些看起来很复杂的论证，从论证中抽象出形式来能帮助我们更容易地检查复杂论证的有效性。再复杂的论证，只要有一个反例存在，就是无效的。需要注意的是，反例法也是有一些局限性和复杂性的。

首先，虽然反例是证明一个论证形式无效的强大武器，但它却不能证明一个论证形式是有效的。一个前提真结论假的替换例即可说明一个形式是无效的，但再多的前提真结论真的替换例也无法说明一个形式就是有效的。事实上，一个无效的形式也往往会有很多前提真结论真的替换例。就以上文已经证明是无效的“所有 A 都不是 B。所有 B 都是 C。所以，所有 A 都不是 C。”这个形式来说，我们可以构造出如下前提真结论真的替换例来：

所有猫都不是斑点狗。所有斑点狗是狗。所以，所有猫都不是狗。

因此，反例法只能帮我们确立论证的无效性，不能确立论证的有效性。

要构造出一个有效形式的反例是不可能的。如果一个论证的形式是有效的，那么任何前提为真的替换例都能保证结论是真的。当我们怀疑一个论证的形式是无效的，但一时又无法构造出一个反例的时候该怎么办？究竟是因为论证具有有效性，还是因为我们没有找到合适的反例呢？这是个无法解决的问题。

既然反例法有这么多缺点，那么研究一个论证的形式究竟有什么用处呢？如果我们识别出一个论证的形式，并且用反例法判定这个形式是无效的，那么这个论证就是无效的。这就是在讲逻辑过程中的重要价值。

3.3 一些常见的形式

现在我们已经知道，通过论证形式，我们可以确认一个论证是否有效。而且我们也知道，如果一个论证的形式是有效的，那么这个论证就是有效的。但是反例法只能判定论证的无效性，不能判定论证的有效性。下面我们来介绍一些常见的形式，这些形式在生活中经常会使用或遇到。因为它们很常见，所以逻辑学家分别给它们取了形象的名字。

在这些形式中，一部分使用了条件陈述句，我们先来介绍一下条件陈述句的一些逻辑概念。

如果天降大雪，那么火车会晚点。

如果我九点前到公司，就不是迟到了。

人如果闲着了，就会感到无聊。

这些都是条件陈述句，简称为“条件句”，是包含“如果……那么……”结构的论证。它反映了我们思维的习性。在条件句中，先设定好一定条件，如果达到了这个条件，就会有确定的结论出现。它们有几个很重要的特征。

首先，我们分析一下条件句的结构。我们把一个条件句中作为假设的“如果”从句称为“前件”，把作为结论的“那么”从句称为“后件”。要注意的是，前件和后件并不包括“如果”和“那么”这种连接词。因此，第一个论证的前件是“天降大雪”，后件是“火车晚点”；第二个论证的前件是“我九点前到公司”，后件是“我不是迟到”；第三个论证的前件是“人闲着了”，后件是“人感到无聊”。

其次，条件句是个假设性的论证，并不保证前件的命题为真，也不保证后件的命题为真。一个条件句所论述的是：如果前件真，那么后件真。

如果人是小鸟，那么人就能自由地翱翔于蓝天了。

这个条件句的前件“人是小鸟”和后件“人能自由地翱翔于蓝天”都不是真命题，但这并不妨碍这个条件句是成立的。

在生活的语言中，除了“如果……那么……”外，我们还有很多表示条件句的词语和语言结构。

如果我九点后到公司，那么我迟到了。

如果我九点后到公司，我就会迟到。

假如我九点后到公司，我就会迟到。

我迟到了，如果我九点后到公司的话。

我九点后到公司，只有当我迟到的时候。

上面这些论证在逻辑上都是等效的。其中最后一句也许会让人有些疑惑，这是因为对“只有当”、“仅当”这些词的理解不够明确。实际上，“A，只有当B的时候”逻辑等价于“如果A，那么B”。

条件句的有效性依赖于前件和后件之间的联系是否必然成立，“如果A，那么B”本身并不是一个论证，而是一个命题。同样是条件句，在面对具体命题的时候，我们都要判断前件和后件之间的关系是否为真。

可惜的是，我们日常生活中所用的大部分条件句如果用逻辑学来分析就都不是那么严谨。

如果明天天气好，我们就一起去逛街。

类似的条件句我们是不是经常在生活中遇到？但我们仔细分析一下就会发现，在这个论证中，前件“明天天气好”和后件“我们一起去逛街”之间并没有必然联系。就算明天天气很好，也有可能发生一些其他的事情导致不能一起去逛街。因此，当生活中有人说这句话的时候，他实际想表达的意思可能是：

如果明天天气不好，我们就不去逛街。

这两句话有什么不同呢？在前一句中，“明天天气好”是“去逛街”的充分条件，只要“明天天气好”这个条件满足了，“去逛街”就必然成立；而在后一句中，“明天天气好”是“去逛街”的必要条件，必须“明天天气好”这个条件满足了，“去逛街”才可能成立。

再设想一下，如果一个朋友对你说：“如果我中了五百万，我就把这些钱全部捐给慈善机构。”这个条件句本身前件成立的可能性是微乎其微的，前件和后件之间也没有必然的联系，所以你有足够的理由去怀疑这个命题的真实性。

当然，前件和后件存在必然关系的条件句在生活中本身就很难遇到，那么对于前件和后件并不是必然关系的时候，条件句的前件和后件之间的联系越紧密，这个条件句为真的可能性也就越大。

如果中国足球队这次战胜了卡塔尔队，中国队明年就能去参加世界杯了。

实际上，就算“战胜卡塔尔队”为真，并因此取得小组出线的资格，“中国队明年能参加世界杯”也不是必然的，比如发生重大的国际事件导致世界杯停办了，但是这种可能性实在太低了，所以前件“中国队战胜卡塔尔队”和后件“中国队明年能参加世界杯”之间的联系是非常紧密的，这个条件句为真的可能性是非常大的。

条件句是否为真取决于命题中前件和后件的联系方式。如果两者的因果关系十分脆弱，就此下结论就是草率的。有些条件句是建立在过去事实的积累上，并对未来进行预测的。

如果这股冷空气快速南下，长江中游地区就会出现大范围降雨天气。

天气预报中经常会出现类似的条件句，我们说这是合理的预测，是建立在多年的气象观测数据上，但并不是必然成立的。

尽管我们举了很多条件论证的例子，但在现实生活中，严格逻辑学意义上的条件论证真的很少。在常见论证中出现的条件句，很少存在前件和后件之间有必然联系的情况。这样造成的结果是，即使前件实现，我们也不一定能得到后件成立的结论。所以我们在建立自己的论证时应尽可能地保持严谨，保证结论出现的最大可能性。

下面我们逐一介绍最常见的论证形式，并考察它们的有效性。

（1）肯定前件式

考虑下列论证：

如果我九点后到公司，那么我迟到了。

我九点后到公司。

所以，我迟到了。

把具体事物抽象出来，这个论证的形式如下：

如果 A，那么 B。

A。

所以，B。

根据“前提真，其结论也必定真”的判定方法，这个形式显然是有效的。因此“如果我九点后到公司，那么我迟到了。我九点后到公司。所以，我迟到了。”也是个有效的论证。

这种形式被称为“肯定前件式”，因为在两个前提中，一个前提是条件句，而另一个前提是对条件句前件的肯定。“肯定前件式”的结论是对条件句后件的肯定。当然，条件句和对前件的肯定是并列关系，两者在论证中的先后关系并不影响形式。

如果我九点后到公司，那么我迟到了。我九点后到公司。所以，我迟到了。

我九点后到公司。如果我九点后到公司，那么我迟到了。所以，我迟到了。

这两个论证明显是等同的。换句话说，“A。如果 A，那么 B。所以，B。”也是肯定前件的 个形式。

(2) 否定后件式

像肯定前件式一样，接下来这个形式也有一个条件句作为主要前提：

> 如果我九点后到公司，那么我迟到了。
>
> 我没有迟到。
>
> 所以，我没有九点后到公司。

这个论证形式被称为“否定后件式”。很明显，取这个名字是因为，一个作为前提的命题对另一个作为前提的条件句后件进行了否定。得到的结论是对作为前提的条件句的前件的否定。抽象的形式如下：

> 如果 A，那么 B。
>
> 非 B。
>
> 所以，非 A。

“非 A”和“非 B”表示对“A”和“B”的否定。生活语言中，用来表示否定的方式也有很多：

> 我没有迟到。
>
> 我并未迟到。
>
> 我迟到是假的。

与肯定前件式一样，否定后件式两个前提之间的次序并不重要。换句话说，论证形式“非 B。如果 A，那么 B。所以，非 A。”也是否定后件式的形式。

考虑一个更复杂的否定后件式的例子：

> 某些承认大爆炸理论的物理学家认为，宇宙并不是无穷大的。而热力学第二定律告诉我们，在一个封闭的物理系统内，熵总是倾向于增加的；即能量总会向四周传播并趋向于均匀分布。根据这些物理规

律，如果我们的宇宙已经存在了无穷长的时间，那么现在宇宙中就不会存在能量集中的地方。但很显然，现在的宇宙中存在着恒星、星系等能量集中的地方，因此，我们的宇宙并不是已经存在了无穷长时间的。

面对这一长串难以理解的论述，很多人会觉得头晕眼花。然而只要抓住其中的逻辑结构，我们很容易就能发现这段话等价于如下的论述：

如果我们的宇宙已经存在了无穷长的时间，那么现在宇宙中就不会存在能量集中的地方。

现在的宇宙中存在着能量集中的地方。

所以，我们的宇宙并不是已经存在了无穷长时间。

所以这一段话本质是个否定后件式的论证，而其前半部分是为了提高作为前提的条件句的可信度。因为后半部分是个有效的否定后件式论证，所以争论的焦点就可以定在前半部分，也就是作为前提的条件句是否一定为真。这样便将一个看起来很复杂的论证整理成一个很明晰的形式，使我们可以将注意力集中于论证中的关键问题。

（3）构造性二难

下面我们再来看一个生活中常见的形式。

或者我会买一本书，或者我会买一张 CD。

如果我买一本书，那么今晚我会在睡觉前看书。

如果我买一张 CD，那么今晚我会在睡觉前听 CD。

因此，或者今晚我会在睡觉前看书，或者今晚我会在睡觉前听 CD。

我们把其中具体的事物抽象出来，得到这个论证的形式如下：

或者 A 或者 B。

如果 A，那么 C。

如果 B，那么 D。

所以，或者 C 或者 D。

这个形式被称为构造性二难，它由一个选言陈述句和若干个条件句构成前提，并得到一个选言陈述句的结论。这个形式是有效的，因此具有这个形式的论证也都是有效的。和前面的两个形式一样，在构造性二难的形式中，前提的次序并不重要。

如果上帝不能阻止罪恶，那么上帝不是全能的。

如果上帝不想阻止罪恶，那么上帝不是全善的。

或者上帝不能阻止罪恶，或者上帝不想阻止罪恶。

因此，或者上帝不是全能的，或者上帝不是全善的。

这是一个关于上帝与人类罪恶的古老的论题，以一个构造性二难的形式表达。因为这个论证的形式是有效的，所以这是个有效论证，只要前提为真，结论就必然为真。因此，如果一个坚信上帝是全能并且全善的人要反驳这个论证的话，只能质疑作为前提的三个命题并不都为真。前提中的第一个命题似乎无法否定，而第三个命题似乎也没有其他可能，因此历史上对这个问题的争论也确实集中在对第二个前提的讨论上。比如有些人认为，罪恶对于人类社会来说并不是一无是处的，有时罪恶也可能导致某种良好的结果，所以上帝并不想消除全部罪恶。这样就否定了前提中的第二个命题，使得论证不成立。

（4）假言三段论

三段论是生活中更经常看到的论证形式，比如：

如果天下雨，地就会湿。

如果地湿了，那么我们出门就会不方便。

所以，如果天下雨，那么我们出门就会不方便。

我们抽象出具体的事物，得到如下的论述形式：

如果 A，那么 B。

如果 B，那么 C。

所以，如果 A，那么 C。

这是一个假言三段论。和前面一样，两个前提的次序也是无关紧要的，因此，“如果 B，那么 C。如果 A，那么 B。所以，如果 A，那么 C”也是假言三段论的形式。这种形式之所以称为“假言三段论”，是因为在该形式中，无论是前提还是结论，都是假言陈述，都是条件句。

具有假言三段论形式的每一个论证都是有效的：

如果我现在不起床，那么我上班就会迟到。

如果我上班迟到，那么我就会被扣工资。

所以，如果我现在不起床，那么我就会被扣工资。

对三段论的研究最早开始于古希腊，“三段论”这个词也是来源于希腊语的词根，表示“合在一起推理”。假言三段论的结论是一个条件陈述命题，而另有一种三段论的形式，其结论是陈述性的命题。

（5）选言三段论

假言三段论虽然很常用，但其结论是个条件句，这限制了其使用的范围。而选言三段论正好是假言三段论的补充，其结论是个确定的陈述句。

这个罐子或者是小红打破的或者是老王打破的。

小红没有打破这个罐子。

所以，这个罐子是老王打破的。

把选言三段论的形式抽象出来，得到如下表述：

或者A，或者B。

非A。

所以，B。

前提的次序并不重要，因此，形式“非A。或者A，或者B。所以，B。”也是选言三段论的形式。具有上述形式的论证总是有效的。

还需要注意的是，“或者A，或者B”包括了A和B都成立的可能性，因此“或者A，或者B。A。所以，非B。”这个形式是无效的。

或者亨利是凶手，或者杰克是凶手。

亨利是凶手。

所以，杰克不是凶手。

类似的论证有时候会在一些蹩脚的侦探小说中出现，但他显然是无效的。因为这个论证没有排除亨利和杰克都是凶手的可能性。

（6）否定前件式谬误

了解了上面的五种常见有效论证形式后，我们再来看两种经常会遇到的无效的形式。前面我们已经知道肯定前件式和否定后件式都是有效的逻辑形式，但是和其很相似的否定前件式和肯定后件式却都是无效的。这两个形式很容易被人误解为是有效的，从而在日常的辩论中混淆。逻辑上把这些无效的形式称为谬误，即逻辑推理过程中的错误。

我们先来看否定前件式谬误：

如果天下雨，那么地就会湿。

天没有下雨。

所以，地不会湿。

很明显，结论并不是真的，即使不下雨，也有其他可能会导致地湿，比如有人泼了一盆水等。否定前件是一个无效论证形式。我们可以将其形式表示为如下：

如果A，那么B。
非A。
所以，非B。

前提中的第一个命题是个条件句，与否定后件式和肯定前件式一样。然而，否定后件式的第二前提是否定条件句的后件，而上述论证的第二前提则是否定前件。这一形式上的微小差异却产生了完全不一样的逻辑效果。因为即使该论证的前提都真，结论仍然可以是假的，导致否定前件式是无效的。我们可以继续构造一个否定后件式的反例：

如果斑点狗是猫，那么它是动物。
斑点狗不是猫。
所以，斑点狗不是动物。

（7）肯定后件式谬误

最后我们来看一下肯定后件式谬误：

如果天下雨，那么地就会湿。
地湿了。
所以，天下雨了。

同样的，结论并不是真的，即使不下雨，也有其他可能会导致地湿。这是个无效的论证。我们可以将其形式抽象出来：

如果A，那么B。

B。

所以，A。

和否定后件式一样，我们可以继续举出这个形式的反例：

如果斑点狗是猫，那么它是动物。

斑点狗是动物。

所以，斑点狗是猫。

我们举的反例能很明显地看出否定前件式和肯定后件式的无效性，但是在实际生活中，如果采用了否定前件式或肯定后件式的论证，其中的逻辑无效性并不都是如此明显的。

男朋友："别生气了，原谅我好吗？"

女朋友："不是说了吗？如果你买巧克力给我吃，我就原谅你。我又没吃到巧克力，干吗原谅你？"

女朋友在这里使用的就是一个否定前件式的论证：

如果你买巧克力给我吃，那么我原谅你。

你没有买巧克力给我吃，

所以，我不原谅你。

当然，上一章我们已经讨论过逻辑的适用范围了。这位男士如果在这时候不合时宜地指出女朋友的逻辑错误，那后果可能是，他再去买巧克力"肯定前件”，也得不到逻辑上的“女朋友原谅他”的结果了。

3.4 可靠性和可信性

现在，我们大体知道了怎么判断一个论证的有效性，如果一个论证是无效的，那么这个论证就是有问题的；反过来，一个论证是有效的，它就是正确的吗？根据“有效”的定义，有效性只保证论证“如果前提真，结论必然真”，但并不要求论证的前提必须真实。

显然只依靠有效性是无法判断一个论证是否正确的，我们需要进一步判断一个论证的前提是否正确。因此我们在“有效性”的基础上，引入“可靠性”的概念，即：一个“可靠的”论证必须是有效的，并且论证的前提都是真实的。

因为一个可靠的论证首先是有效的，并且只能有真实的前提，所以一个可靠论证不可能有假结论，它的结论必然是真的。以下是两个可靠论证的例子：

所有斑点狗都是狗。所有狗都是动物。所以，所有斑点狗都是动物。

如果老王是上海人，他就是中国人。老王是上海人。所以，老王是中国人。

可见，“可靠的论证”就是论证的形式有效并且前提必然正确。可以这样说，可靠的论证必然是正确的。

如果一个论证不可靠，一般有下列三种情况：

①论证形式有效，但前提并不是全部必然正确。

②论证的前提必然正确，但是论证的形式无效。

③论证的形式无效，并且前提也不全部必然正确。

总之，不可靠的论证就是在“形式”或“前提”上有问题的论证，或者是“无效的”或者是至少有一个前提为假。比如下面两个例句：

所有斑点狗都是动物。有些白猫不是动物。所以，有些白猫不是斑点狗。

所有斑点狗都是动物。所有白猫都是动物。所以，所有白猫都是斑点狗。

第二个论证是前提和形式都不正确，第一个论证是形式正确但前提不全为真，所以这两个论证都是不可靠的。

在逻辑中，专门有一个分支研究论证的有效性和可靠性。现在我们已经知道，一个命题是或者真或者假的；而由命题组成的一个论证则可以是有效和无效、可靠和不可靠的。以生活中“正确”这个词来判定，其中只有“有效的”论证才可以说是正确的。

可能有人会这样想，既然从逻辑的角度看，一个论证可以分为可靠的或不可靠的，那么如果一个论证不是可靠的，那么它就是完全没有价值的。但事情并不这样，生活中，我们很难找到太多绝对可靠的论证。有时候，即使一个论证并不可靠，其前提仍可对结论提供有意义的支持。

有时一个论证的前提对其结论只能提供部分支持，无法达到“可靠性”的要求，但如果论证的前提和结论之间的联系虽然并不必然但是很可能，我们就说这个论证虽然不是可靠的，但是可信度很高，也就是虽然结论并不必然真，但结论假的可能性很低。

大多数中学生都没听说过这本书。

小明是个中学生。

所以，小明肯定没听说过这本书。

首先这个论证并不是可靠的，因为这并不是一个有效的形式，从前提不能必然地得到结论，因为“大多数”并不等于“所有”，可能小明正好就是“大多数”以外的那些少数听说过那本书的中学生之一。然而这是个“可信的”论证，而且“大多数”的比例越高，这个论证的可信度也越高。需要注意的是，如果我们用“所有”这个词来取代上述论证中的“大多数”，这个论证就变成了“有效论证”了，因为如果前提真，那么其结论也是真的。

由此我们知道，不同的可信论证的可信度是不一样的。前提和结论之间的联系越强，论证的可信度就越高。这表明，可信性和前面的有效性、可靠性不同，是等级的概念。如果上述论证中的“大多数”实际上是“51%”，这还是个可信的论证吗？严格来说是的，因为前提还是稍微地支持了一点结论，但是其可信度就非常低了，实际上在生活中如此低的可信度一般是被认为没有什么价值的。

相对于“可信论证”，还有“不可信论证”，是指前提和结论之间的联系非常弱，但又不是完全没有联系的论证。

少部分中学生从没听说过这本书。

小明是个中学生。

所以，小明肯定没听说过这本书。

这个论证的前提如果是真的，那么结论为真的可能是很小的，但又不是完全不可能，小明可能正好就是那“少部分中学生”。如果这个“少部分”非常接近0%，我们也只能说这个论证成立的可能性非常接近零，却不能断定这个论证必然不成立。

因此一个不可信论证要么是前提和结论之间的联系弱，要么是前提和结论之间联系强但是至少有一个假前提。

少于一半的成年人抽烟。

他是个成年人。

所以，他抽烟。

就算这个论证的前提为真，前提也无法有效地支持结论：如果前提真，那么结论并不太可能真。这里和“他”抽不抽烟没有关系，关键点在整个论证的各命题之间的逻辑关系。

> 苹果、橘子、香蕉、桃子、梨子等这些水果都是粉红色的。
>
> 葡萄是水果。
>
> 所以，葡萄是粉红色的。

这也是个不可信论证，虽然前提和结论之间的逻辑关系很强，但有一个假前提。

总结一下："可信的论证"是指一个论证前提真，并且结论很可能是真的，但不必然真；"不可信论证"是指一个论证前提真，并且结论很可能是假的，但不是必然假。

在可信论证中，一种常见的形式是"诉诸类比"。两个事物 A 和 B 在某些相关方面类似，而其中事物 A 有某种性质 P，以此证明事物 B 也有性质 P。

> 时间就像流水一样流逝。
>
> 水是不能往上游倒流的。
>
> 所以，时间也不能倒流。

类比并不是一个有效的论证形式，前提无法必然地得到结论，所以是不可靠的论证形式。时间和流水的流逝在给人的感觉上相似，并不能保证两者在"能否倒流"上有同样的性质。类比是人们非常喜欢使用的论证形式，明确其不可靠性是非常有必要的。

如果一个论证的前提和结论之间并没有必然联系，无法作为可靠论证，而且前提虽然很可能为真但不一定正确，无法作为可信论证，我们就说这个论证是强的。在生活中，"强论证"经常以"诉诸权威"的形式出现。所谓"诉诸权威"，就是指把一个权威的言论、观点、意见作为前提的一部分。

> 著名营养学家 ×× 声称，多吃蔬菜有助于减肥。

我想减肥。

所以，我应该多吃蔬菜。

营养学家虽然是权威，但并不是必然正确的，所以这个论证并不可靠，也不可信。在我们没有足够的精力去掌握一个领域太多的信息时，诉求权威是合理的，但权威也可能出现错误，因此得到的结论也可能是假的。这是我们在面对“诉诸权威”论证时，必须注意的地方。

3.5 讲逻辑的过程

我们先把前面几节中接触的有效论、可靠论、强论、可信论等几类论证的特性全部总结在一起：

有效论证：如果前提真，那么结论必然真。

无效论证：如果前提真，结论并不必然真。

可靠论证：有效，并且前提真（因此结论也必然真）。

不可靠论证：无效，或者有至少一个假前提。

强论证：如果前提真，那么结论很可能真（不必然真）。

弱论证：如果前提真，那么结论很可能假（不必然假）。

可信论证：强论证，并且前提真（因此结论很可能真）。

不可信论证：弱论证，或者虽然强论证但存在假前提。

可以看出，对一个论证的判断，建立在论证所使用的命题和形式这两部分上。命题的真实性是论证可信的必要条件，而命题形式的有效性则是论证可靠的必要条件。了解真实性和有效性之间的区别是非常重要的，虽然生活中人们常常把这两者混淆，但实际上它们之间的差别很大。真实性只针对命题的内容，而有效性则只针对命题之间的逻辑关系。

逻辑学上，研究一个论证的有效性和研究一个论证的强弱，分属于两个不同的分支：演绎逻辑和归纳逻辑。但这并不妨碍我们同时使用这两种方法来判断一个论证是不是有足够的说服力。我们可以先用演绎逻辑方法去判断一个论证是不是有效的，然后再用归纳逻辑方法去判断这个论证是不是强的。如下，我们可以按照这样的流程判断一个论证属于哪一类，是不是有足够的说服力：

（1）从论证中抽象出论证的形式，判断论证形式是否有效。前面我们已经介绍过一些常见的论证形式，熟练掌握这些形式对我们判定一个论证是否有效有很大的帮助，生活中大多数的论证都能归到这些形式之中。因此，判断一个论证的时候，第一步是判断这个论证是否属于哪些常见的形式，以此知道论证是否有效。如果我们遇到的论证形式并不在前面介绍过的形式中，我们就要想法构造出一个反例。如果能用此论证的形式构造出一个反例，论证的形式就是无效的。当然，如果无法构造出反例，我们可以姑且假定形式有效，并进入对命题真假的判断。

（2）如果是有效论证，判断前提是否都为真，以此辨别这个论证是可靠论证还是不可靠论证。

（3）如果这个论证的形式无效，通过前提和结论之间联系的紧密程度，判断论证是强的还是弱的。

（4）如果是个强论证，判断前提是否都为真，以此辨别这个论证是可信的还是不可信的。

如果一个著名的经济学家做出了一个关于股市的预测：在未来半年里某几支股票会大涨。这种预测的可信度就完全取决于这个专家的权威性，比如这位专家在以前是否经常成功地预言过股市的起伏等。只因为专家的权威性而无条件接受他的观点是不合理的。

在我们的分类中，最具有说服力的论证是可靠论证，其次是可信论证，而不可靠论证和不可信论证是没有说服力的。

生活中，我们的推理都是有目的的。人们发现问题，并研究其解决之道，从已知事物出发，通过逻辑论证得出结论。论证的前提是得出结论的基础。如前所述，前提必须符合论证。

如果我们由无效的证据直接跳到结论，论证将是不可信的。结论是论证的目的，即论证是以结论为目标导向的。

我们来给全章做一个小结，生活中的逻辑应该怎么个讲法。在阐释自己的观点，或者判断别人阐释的观点是否有道理时，我们首先要确定在观点中是否包含了论证的过程。是否含有论证的两个基本要素：前提和结论。很多时候，一个表面上看起来似乎正确的观点，实际上根本没有提供任何支持自己的证据。对于这种没有提供证据的观点，我们必须保持警惕。因为缺乏证据的观点只是一个命题而已，我们必须按照客观事实去判断这个命题是否是真的。

确定一个观点中包含了逻辑论证后，我们接着要观察其中展现出的前提和结论之间的推理过程，判断这个推理过程是否遵循了某个有效的逻辑形式。一旦确认我们面对的是一个有效的论证后，我们就要审视论证的前提，判断论证的前提是否正确。大部分时候，我们无法明确地用“真”或者“假”来判断一个命题，因为人对客观世界的认识总是有限的，所以只能根据自身经验判断前提命题为真的可能性有多大。

在我们确定前提很可能是正确的以后，下一步要检查前提和结论之间的相关性有多大。如果两者的相关性很明显，这个论证就是可靠的，而且很可能是可信的。于是建立在这个论证基础上的观点也就是有道理的，是有说服力的。

第四章

控制自己的非理性

4.1 个人喜好与先入为主

非理性并不是什么坏东西，特别是涉及感情、艺术等领域的时候。就像在非理性的场合理性要让步一样，在理性的场合，我们要注意控制自己的非理性。

最常见的非理性错误是把“客观事实”和自己的“个人感觉”相混淆。这两者之间有很明显的辨认方式：

第一，“事实”是人们可以通过观察共同确认的，例如：桌上放了一碗面、这只猫是白色的；而“感觉”则是人们必须通过说理、讨论来确认的，例如：这家店卖的面很好吃、这只猫很漂亮。

第二，对“事实”的陈述只使用那些不涉及非理性领域的词汇，如颜色、形状、存在等；而“感觉”的陈述使用的是非理性领域的词汇，如“漂亮”、“好吃”、“开心”、“舒服”等。

归纳起来：“客观事实”的命题是可以通过对事实的观察来判断真假的；而“个人的感觉”则永远也不能判定为假，毕竟如果一个人说自己很开心，你永远也不可能通过逻辑论证来断定他是不是真的开心。

在生活中分清“事实”和“感觉”是很重要的。如果把自己的感觉当成事实，结果往往会闹笑话。

古时候有个人丢了一把斧头，他觉得是邻居偷走的，于是就每天观察邻居的行为。看邻居走路的姿态，像是个小偷；看邻居和自己说话时脸上的神色，像是个小偷；看他和别人讲话时的神情，也像是个小偷。总之怎么看怎么像是邻居偷了自己的斧头。

后来有一天，这个人在山里找到了自己丢失的斧头。于是他回来后再看邻居的一举一动，面目表情，都不像是个小偷了。

这则“疑邻窃斧”的寓言很形象地说明了自己的主观看法会如何地影响自己对客观事实的认识。所以，如果放任以自己个人的主观喜好去观察世界，得到的必然是歪曲了的结果。

一般人都喜欢被表扬而不喜欢被批评。如果做了一件事后被表扬了，就会感到很自豪，并拍着自己的胸脯说：“这是我做的！”但如果做错事被批评了，就会逃避地说：“这不能算是我的责任！这事情是注定会发生的，是以前的种种事情所导致的，只是正好在我手上发生了！”同样的，很多人在获得巨大成功后，会强调这成功是自己努力的成果；而在遇到挫折时，会归咎于“时运不济”。很明显，这两种反应用了不同的标准。

有些人常常会刻意避免接触那些与伤害过自己的人类似的人，认为他们最终也会伤害自己。事实上，不给自己机会去了解他们，最终是限制了自己的成长。要对一个人下结论之前，你应该给那个人一次展现自己真实一面的机会，因为你并不知道在你看到的背后是否存在真实的另一面。通过自己的第一感觉或者道听途说来评价一个人通常都会是错误的。

但事实上，人们都很容易把自己的臆想嫁接到他人的身上。其实只要稍加深入了解，就会发现原本下的结论是完全错误的。比如原本看起来很害羞的女生，熟识之后却发现是很可爱有趣的；而一个原本看起来很骄傲自大的人，经过深入了解之后，发现他有自己脆弱的一面；或者一个大家都认为很开朗的人，现实中却可能是很孤独的。

如果让自己的主观偏见蒙蔽了眼睛，就看不到事物的真相，就像是戴了一副有色眼镜一样，并且不断地自我强化主观偏见，形成恶性循环。

小周一直觉得小樱是小梅的跟班。于是每次小樱和小梅意见一致时，小周就说：“看，我就说小樱是小梅的跟班嘛！就知道跟在别人屁股后面走！”而每当小樱和小梅的意见不一致时，小周就说：“哈哈，小梅，你真是四面楚歌啊，连自己的跟班都不听你话！”

类似上面这种由于偏见而导致对客观事实的扭曲，我们仔细想想肯定并不陌生。与其说人们明了周遭世界每一天究竟都发生了什么，倒不如说这个社会就是由各种偏见构成的。信息渠道的有限、个人观念的先行、主观情感的导向，这些都会误导人们认识客观世界的道路。在各种重大事件中，往往是一条谣言传万里，而破除谣言却是难上加难。世界上太多的仇恨源自于误解，太多的悲剧产生自偏见。甚至有时候原本带着良好出发点和善良用心的讨论，最后也会引发出偏见。而原本就带有主观偏见的辩论，则往往会变成争吵，甚至变成势不两立。

既然事实永远无法穷尽，那么要如何追求事物的真相？方法只有一个：时刻记住，自己看到的永远只是全部事实的一部分，别人也是一样。比如，弱者不一定正确；比如，看到事物一面的时候别忘了另一面；比如，不要推己及人，因为偏见的存在，推己及人并不是个好习惯，如果大家都从自己的定义出发来看对方，所谓的辩论也变成了各自表述，失去了沟通的效用和意义。辩论的目的并不是一定要说服对方，更多的时候是为了更好地理解对方，求同存异。

在先入为主的众多非理性思维中，以貌取人绝对是最普遍的。对此，韦恩曾经说过：“当你评价他人的时候，你评价的不是他人，而是你自己。”以下是一些常见的以貌取人而闹出笑话的故事：

一个头发有点凌乱的男子来到五星级酒店大堂。

“请问，这里一间总统套房多少钱一天？”

“总统套房？谁住？你吗？这可是要美金结账的啊？”

“没关系，我暂包租 3 个月吧。”

一位手上拎着超市塑料袋的中年女子来到商场的珠宝柜台。

“小姐，麻烦您把 5 克拉的钻戒拿出来给我看看。”

“看看可以啊，你隔着柜台玻璃就可以看到了啊。”

“不可以拿出来看吗？”

“哼，你买得起，我就拿啊。”

“那好吧，我少买一点，就拿 4 颗吧。”

一个骑着自行车的男子来到高档楼盘售楼处。

“请问你们这还有别墅卖吗？”

“有倒是有，不过我们这里可没有普通楼盘卖，你最好到别处去看看吧。”

“不用了，就是那个临江的别墅，买 2 幢吧。”

一名操外地口音的男子拎着包上了辆出租车。

“您去哪儿？”

“师傅，请把我送到机场。”

“机场蛮远的啊，起码要两个半小时。”

“不会吧，我就在机场上班。就算堵车，最多半小时就到了啊。”

不幸的是，“以貌取人”其实是符合人们生活经验的。因为按一般的理解，人们认识一个事物的第一个步骤就是事物的外观。在无法快速了解一个人的内在时，最自然的反应就是“以貌取人”。事实上，中国的传统文化还在“以貌取人”的基础上发展出了复杂的“相面之术”。

明英宗对朝臣的相貌特别看重。天顺年间，原本是大同巡抚的韩雍被提拔为兵部侍郎，英宗就让大学士李贤举荐一个与韩雍人品相当的人继任大同巡抚一职。李贤举荐了山东按察使王越，英宗看王越这人身材高大、步履轻捷、神色敏捷，非常满意，说王越这人一看就是做武官的料。后来王越果然在边陲颇有建树。

类似这种古代帝王相面的故事在传统书籍中数不胜数。然而这是否就能说明“以貌取人”的正确性呢？回忆第三章对论证可靠性和可信性的讨论，我们就会明白这些故事作为前提无法得出“以貌取人正确”的结论，亦即是无效论证。我们可以同样从历史故事中找出很多反例：

三国时东吴的孙权号称是善识人才的明君。在周瑜死后，鲁肃向孙权力荐庞统。孙权本来很高兴有人能接替周瑜的工作，但在和庞统见面后却不太满意。因为庞统这人黑面短髻，长得很难看。孙权因此觉得庞统面相这么差，充其量不过是一个狂士，没有什么大用。鲁肃还特地提醒孙权，赤壁大战时以弱胜强打败曹操大军的连环计就是庞统制定的。可是孙权固执己见，还是把庞统赶走了。

鲁肃只好转而把庞统推荐给刘备。谁知，号称爱才心切的刘备却也是个“以貌取人”的人。他看庞统相貌丑陋，心中也不高兴，只让他当了个小小的县令。原本在才智上和诸葛亮齐名的庞统，只因相貌长得难看，就到处遭到冷落，不得重用。后来，还是张飞在了解了庞统的才干后向刘备极力举荐，庞统才当上了副军师的职务。

曹操也同样如此。益州一个叫张松的人从小读书过目不忘，被称为天下奇才。张松暗自带着四川四十一州的地图，千里迢迢来到许昌打算进献给曹操。曹操见张松长得额突头尖、鼻偃齿露、身材矮小，便心生厌烦，把张松赶了出去。于是刘备趁机而入，抢先进入了四川。

“三人行必有我师”，而在当今社会，人与人之间所掌握的技能和知识相差越来越大，识人就更不能单从相貌出发了。古人也早有云：“人不可貌相，海水不可斗量”，光以貌取人，未免识人于偏颇，识人不全，甚至识错人，要完全认识一个人，还需要看清他的内心世界后才行。

4.2 地域偏见与刻板印象

地域偏见是一种从某种概念上来说要比以貌取人更为严重的非理性思维方式。地域偏见并不是凭空出现的，从战国时期就有齐国的晏婴出使楚国时，被楚王当面讽刺齐国人都喜欢偷东西的记录。社会发展到今天，人们的思维并没有随着生活水平的进步而有所改变，本地人和外地人、本省人和外省人、南方人和北方人等，互相之间都有些舆论上的偏见。有时候出了一个地方的负面新闻后，带有地域偏见的人就会评论：“看看，那地方的人就是那样，没什么奇怪的！”类似带有地域偏见和地域歧视的言论在生活中随处可见。

所谓“偏见”就是无视反面例证，所谓“歧视”就是区别对待，地域偏见就是基于地域差异而形成的一种文化歧视。地域偏见并不是中国特有的现象，而是人类社会在发展过程中普遍出现的一种现象。在欧洲，对犹太人的偏见一直持续了一千多年，使犹太人族群受到了无数的迫害。而在美国，对有色人种的偏见一直到20世纪五六十年代以后才开始缓解。

地域偏见是由地域文化差异、经济发展不平衡、人类心理活动等因素引发的一种刻板、片面的观念和错误倾向。这种偏见平常并不表现得很明显，也是看不见、摸不着存在着的，但在严重的时候甚至会导致不同人群之间产生暴力冲突。因此，这是一种必须受到重视的社会心理。

一些心理学家对地域偏见进行过研究证实。比如在华东师范大学就进行过一个对上海人印象的调查，让上海籍的学生和外地的学生各自把他们心中“上海人”的形象写出来。统计用词后得到的结果和我们概念中社会对上海人的偏见非常一致。其中最经常出现的是“虚伪、小气、自私”等类型的代表小市民习气的词，同时也有“勤奋、能干”等正面的词。

这种“地域偏见”的心理为什么会如此普遍地存在？一是对对方的不了解，二是从众的心理。

地域偏见首先是人们膨胀的自我优越感的产物，它源于经济社会发展中的差距。地区差距是客观存在的，地区之间因为资源的争夺而不可避免地产生各种利益矛盾。地区差距和地区间的利益矛盾必然会反映在社会心理方面，使处于优势地区的人群产生优越感。这种优越感如果过度膨胀，就难免会产生对落后地区和弱势群体的偏见。偏见还会让人产生一种"安全感"，即可以把一切无法解释的灾害或者错误归结于某个特定的人群的作恶上，从而逐渐形成一种潜意识的推托、逃避的文化心理。持有偏见的人只是盯住别人的缺点，希望和那些"坏人"、"丑恶"划清界限，借此来保持自己的"自尊"、"自信"，不去思考自己或者自己身边的人是否也存在同样的缺点。

地域偏见也是人们从众心理和集体无意识的表现。现代社会信息量激增，普通人处于信息的旋涡之中，很容易丧失自主思考和判断能力，对许多事物往往不做独立的思考和理性的判断，盲目顺从大众的心理，形成集体的无意识。对一个个人的事例的评论往往会被夸张和扩大到对某个人群的判断，进而轻易把某个群体符号化、标签化地对待。

地域偏见是一种先入为主的，不讲逻辑的表现，它和现代文明的公平、平等等理念也是相悖的，对被偏见者是不公平的，是缺乏正义的。比如对讲方言的蔑视、商店打出不卖某地货的牌子、招工单位声称不要某地人等现象都是不公的。任何一个社会，不要说发展，就稳定来讲公平也是起码的基础。如果一个人处于被偏见的境地，会给个人造成消极的心理影响，甚至会使个人采取一些极端的报复行为；同样的，严重的偏见也会使得本来是个人的行为扩大为对整个人群的报复。事实上，真正有良好修养的人不但能够宽容自己的缺点、发扬自己的优势，也能够宽容那些与自己有着相似缺点的人。

当然地域偏见也不一定都是负面的印象，比如"四川人热情如火，上海人精明机灵，东北人豪爽阔气"等，都是正面的评价。但无论如何，这种把人按地域划分，并安上一个脸谱型的性格都是一种地域偏见。

比地域偏见范围更大的是"刻板印象"。所谓"刻板印象"，指的是对某一类人持有一套固定的看法，通常带有片面、负面的色彩，并以此作为参照框架，主观认为这类人所有成员都符合这种看法。"刻板印象"是对社会团体最简单的认识，它虽然有利于对某一群体做概括的了解，但也容易产生偏差，造成“先入为主”的成见，阻碍人与人之间正常的认识和交往。“刻板印象”还往往导致误解，“刻板印象”所根据的并非事实，有时是由于偏见的合理化而来，有时是将某个群体套上某种特性，继而推断群体中所有的个人也具有这种特性而形成的。刻板印象有这么几种特征：

（1）对人不对事。刻板印象的对象是某一类人或某一个群体，比如“男人如何如何，女人又怎样怎样”。类似的还有对不同肤色人种的刻板印象，对不同国家居民的刻板印象，对不同职业的人的刻板印象，对不同出生年代的人的刻板印象等。

（2）超级大众脸。就是认为某群人普遍共有某些特征。比如刻板印象是“东北人都很霸道”，于是在生活中遇到一个东北人就会先把“霸道”的标签贴在他身上。更常见的例子是星座，比如“金牛座的人都很贪财”、“天秤座的人都很好色”等。

（3）下意识。心理学家认为“刻板印象”是人的一种大脑自动化加工的过程，是在进行理性思考之前就会自然而然、不经意间迅速产生的看法。比如在知道一个人是金牛座的瞬间，“这人很贪财”的印象就已经产生了。即使我们明白这种刻板印象是非理性的，但我们的理性思维依然是在刻板印象产生之后才出场的。

总结来说，刻板印象就是我们对某一类人所“具有”的特征的高度概括，而且这种想法往往是快速而自发完成的。正是因为刻板印象是非理性的、是下意识的，所以被宣传和广告广泛地利用。比如洗衣粉广告的场景是贤良的少妇给老公洗衣服，名车广告的场景是一位成功的男人开车载着美女兜风等。实际上这些都是迎合了人们心里的刻板印象。

刻板印象是如此普遍地存在于我们的生活中，以至于大部分人并没有意识到它的存在。很明显，刻板印象很容易“一竿子打死一船人”。心理学认为刻板印象是对于一个群体的有偏差的“过度概括”，明明人家不是，却因为属于某个群体而把人家硬生生地打上这些烙印。这种简单的概括归类实际上并没有多少依据，只是一直以来人们以讹传讹的说法、媒体报道及自己与个别这一群体的人的亲身接触而强化了这种错误，逐渐形成了一种根深蒂固的刻板印象，甚至认为是这个群体的人具有的特定性格。更严重的是，刻板印象还会引起种族仇恨，甚至导致战争和种族屠杀，历史上这样的悲剧层出不穷。

既然刻板印象那么不理性，甚至自己都无法完全控制，那我们能否改变它呢？心理学家认为还是有办法来缓解的。最有效的办法就是直接去了解他们，如果你对某个群体有刻板印象，那么下决心去深入地接触他们，比如和那个群体的成员交朋友。心理学家把这称为“直接接触法”，在过去半个世纪被证实能非常有效地改变原本的刻板印象。比如你原本认为上海人很精明，可以试着去交个上海朋友，等你感受到这位上海朋友也和其他地方的人一样热情大方后，你原本的刻板印象就会弱化，并随着认识的深入而渐渐消失。

要是你没有机会认识上海人也没关系。你可以找个跟上海人接触很多的人交流看看。心理学家认为即使是这种通过“间接接触”了解到的外群体信息，也能够大大改变对这个群体的刻板印象。一个认识不少韩国人的朋友要是跟你常常说他的那些朋友的故事，或许你就会对韩国人这一群体有不同的观感。当然，和直接接触法不同，间接接触法导致的改变有好有坏，如果你朋友本身是个有严重偏见的人，那你接收到的就都是些过滤过的信息，你原本的刻板印象可能会更根深蒂固。

有心理学家在奥巴马当选总统后做了一系列心理测验，结果发现那些在实验前被提示过奥巴马名字的学生，他们对黑人的负面印象明显地比那些没被提示的学生弱。可见奥巴马当上美国总统这件事改变了不少人对黑人的偏见与刻板印象，心理学家戏称为“奥巴马效应”。实际上国内也有类似的例子，比如同性恋题材的《断背山》以及那句“每个人心中都有一座断背山”的流行，就削弱了人们原本对同性恋者的负面刻板印象。

也许在将来，社会上人人都知道怎么讲逻辑，不再轻易地把接触的人“分门别类”地塞进我们臆想的条条框框里。我们不再通过一个人的衣着、发型、工作、汽车等这些外在因素来评价一个人，而是单纯地以这个人本身的内在价值来评价他。要想实现这个目的，我们只能从自己开始，停止以同样的方式评价自己，继而停止通过自己的臆想去评价他人，诚实、严厉又乐观地评价自己，继而诚实、客观、理性地评价周围的世界。

4.3 对事不对人

我们经常可以在生活中遇到这样的事情：甲乙两个人对一件事情有不同的看法，两人经过一阵面红耳赤的争论之后，互相无法说服对方，于是两人互不理睬了。在以后的日子里，甲一直看不惯乙，乙也一直看不惯甲，时不时地互相找茬。即使明知道对方说的某些话是对的，也要想出各种歪理来反对。随着时间的推移，两人之间的成见和对立越来越严重，甚至对方与其他人讲话都会猜疑是不是在讲自己的坏话。最后两人在一次激烈的争吵以后，拳脚相加，闹得头破血流。

这就是双方都不明白“对事不对人”这个道理而酿成的悲剧。现实之中人无完人，如果你只凭一两件事就对某人产生了厌恶的心态，就会进一步影响你对他做的其他事情的判断。因此在生活中一个重要的逻辑原则就是：在对一个论证或观点做判断的时候，我们要关注的是论证和观点本身，而不是做出论证和观点的那个人。

如果一个人的关注点不在论证本身，而是去攻击论证者，那么他就违反了“对事不对人”的原则，把“对事不对人”变成了“对人不对事”。所谓对人不对事，就是在和别人辩论的时候，把话题引向与论证无关的关于对手的信息上，比如对方的道德、生活等信息，以此来达到击败对手的目的。这是一种逻辑谬误，其目的是转移双方和听者对论证的注意力，把原本基于理性逻辑辩论导向基于感性的人身攻击，使对手处于劣势。

因此，如果你和别人进行辩论的目的仅仅是获得胜利，“对人不对事”会有效地发挥作用。它可以使用同论证毫不相关的理由来反对你的对手，也可以用同样的理由来说服听众。它造成的后果是，你在表面上“战胜”了对手，但在逻辑上你并没有胜利。最终你给人留下的印象只是善于“扰乱视听”、“胡搅蛮缠”，而不是“思维清晰”、“讲道理”。

某个公司在开会的时候老是有人迟到。有一天，公司在开会的时候又有两个人迟到了，会议主持人虽然很不满，但并没有吭声。接着第三个迟到的人来了，主持人实在忍不住了，把那个人训了一通。会议结束后，第三个迟到的人才知道他并不是唯一迟到的人，就对主持人很不满意，觉得主持人对他有偏见并想当面说理。主持人说："我并不是对你有偏见，只是对事不对人。"这位员工反问道："那你为什么只批评我，而对前面迟到的两个人没说什么呢？"

这位会议主持人所犯的错误是没有统一自己的标准，只批评了最后一个迟到的人，却没有做到对前面迟到的人一视同仁。实际上主持人确实并不是对第三个迟到的人有意见，而是因为随着迟到的人增加而不断积累愤怒的情绪，才忍不住对第三个人进行批评的。主持人以为自己是对事不对人，但实际上并没有做到"对事"，因为他没有统一标准，或者公司没有统一的标准。如果这家公司明文规定："凡会议迟到者一律罚款10元"，然后按制度执行，谁都不会否认这是标准的"对事不对人"。

在中国的传统文化中，无论是国家对百姓，还是长辈对晚辈，抑或上级对下级，都是既对事也对人，甚至是先对人后对事，对人重于对事。"修身、齐家、治国、平天下"，这句话描述的就是古人认为要干事、成事，首先要修炼自己的"为人"。"德才兼备"说的就是既要有做事的才干，也要有做人的德行。"先做人，后做事"，"人都做不好，还做什么事"，这都是现在很多人的口头禅。如此看来，"对人不对事"这个陋习是有其顽固的传统文化基础的。"对人不对事"在中国的历史上随处可见，至今在社会中也是习以为常的。当一个人刚进入职场时，往往会被忠告：先做人，再做事。而各种宣传"成功学"的书则一遍遍地强调"情商比智商更重要"、"先做人后做事"，言下之意就是：会做人比会做事更有助于成功。

那我们为什么说要"对事不对人"呢？"对事不对人"最早是作为公司或组织的管理原则被引进的，大意是：上级在管理和评价下属时，只讲事的好坏，不要说人的长短。为什么要对事不对人？只是出于尊重人的立场，让下属更好接受批评？其实并不这么简单。由于每个人社会经历不同，各人看问题的角度自然也不同，对同一问题出现相左的意见是很正常的。我们不必强求所有人意见都和自己一样，非争个谁对谁错不可。实际上，世界上没有人敢说自己的观点和意见都是正确的，最多只能说对某些问题的看法比较正确，也就是比较接近真理。如果因为别人的看法和自己的看法相左，就对别人耿耿于怀，视为对立面，导致矛盾纠纷不断发展，实在是得不偿失。因此就算是面对别人错误的意见，也要耐心认真地听取，进行细致地分析，然后慢慢地加以解释。不能由情绪驱使，仓促应对，否则，必定会发生纠纷，由辩论转化为争吵。

老板新招的秘书刚参加工作，业务还不熟练，所以偶尔会犯些小错误。有一次他打的一份合同中出现了几个错误字，客户发现后提醒公司要求改正。公司老板觉得非常没有面子，便对秘书道："这么重要的文件你都打错字，一点责任心都没有，你眼睛怎么长的？"

秘书很生气，回道："我眼睛就是这么长的，要是你觉得不合格，把我炒了算了。"老板本来只是想提醒秘书以后一定要细心，但并没有达到预期的效果，两人的关系从此变得很僵。

老板说的三个分句中，第一句"这么重要的文件你都打错字"是客观事实的描述，但后两句变成了对当事人的评价，脱离了事情本身，是典型的对人不对事。假如老板换种说法："这份合同对公司很重要，客户没有签字要求重打，因为有几个错别字。这几个错别字让公司很没有面子，请问你如何解释？以后怎么避免同样的错误？"这才是对事不对人的态度和处理方法，公司也应该有相应的明文奖惩规定，并做到奖必赏惩必罚。

所以我们必须提倡对事不对人，即使对方的意见完全是错误的，我们也应该集中在反驳这种意见和观点上，而不能对持有错误意见的人进行人格上的攻击和丑化。"言论自由"一词是属于每一个公民的，它允许人们发表正确的言论，也允许人们发表错误的言论。所以，我们批判错误言论应该是与人为善，认真分析，摆事实讲道理，做到以理服人，使对方口服心服。简单粗暴地以势压人或全盘否定对方，不但不能使对方口服心服，反而可能会带来不良的后果。

一家工厂完成了一个订单，但品质部门认为产品的品质没有达到订单规定的要求，坚持不放行，不允许货品出厂。无论生产部经理怎么软磨硬泡，品质部经理都坚持认为不行。

最后生产部经理说道："你怎么这么不信任我呢？如果产品到了客户那里被客户投诉，责任由我一人负责！"

品质部经理也气呼呼地答道："如果出了问题，这个责任你负得起吗？你有这么大的能力吗？就算是把你卖了恐怕也不够赔！"

如果产品的质量确实达不到订单的标准，品质部不让产品出厂是完全正确的。生产部和品质部需要讨论的是产品的质量是否没有达到订单要求，而不是"信不信任"或者"当事人有没有能力负责"，这些都远远超出了议题应该所在的范围。

有种现象在表扬中非常常见。因为某个员工某项工作做得好，就表扬员工"能力强、态度好"，等到这位员工某项工作完成得不好时，又说他"没有责任心"等。无论表扬和批评都没有做到对事不对人，容易导致员工灰心丧气，怀疑是不是上级不再信任他了。

汉语中有个词语叫作"因人废言"，指的是先把对方说得十分不堪，再明言或暗示，什么样的人说什么样的话。例如，"有些人吃饱了饭没事干，说我这件事做得不对，我做得对不对关你什么事！"这句话的论证过程是：吃饱了没事干的人，都喜欢无事生非；他是吃饱了饭的人；所以他在无事生非。可是"吃饱饭"和"无事生非"之间并没有必然的逻辑因果关系，前提并不为真。类似的例子有很多，比如先把对方说成是神经病，然后再说神经病的话不值得当真；比如先把对方说成是汉奸，然后再以此说对方的观点都是卖国言论等。

"对事不对人"的定义很简单，就是只谈论事情本身，包括事情的起因、经过、结果、评价。其精髓在于注重成果、尊重规则，将争论的精力聚焦在事情和结果上，不谈论当事人的能力与个性。但是相当多的人根本就不懂得怎样“对事不对人”，最后不但没有解决问题，反而使彼此的关系更差。

孩子的期末数学考试得了满分，妈妈很高兴地表扬孩子：“宝贝你真是太聪明了。”

很多讲教育的书都教导父母要多表扬自己的孩子，这并没有错，但像上文中这样很明显是一次非常不成功的表扬。因为这位妈妈并没有关注孩子此次为什么做得这么好，只知道夸奖孩子聪明，赞扬了孩子的个性，却没有针对这次考试做具体的说明，对于考试的细节根本没有顾及。这有可能导致让孩子觉得自己聪明，从而在以后的考试中变得大意。如果妈妈这样说：“孩子你这次做得真棒！让妈妈来看看试题。”然后再表扬：“这道题不容易哦，宝贝这次计算得很仔细，并且肯定检查过了。以后在考试中，希望宝贝继续保持这种认真思考、认真检查的习惯！”这样的表扬就比较好了。因为考试的难度每次不同，我们可以每次给予不同的评价，而人的个性是比较稳定的，如果你前面给他定了性，以后又来否定，就会让孩子产生困惑。

随着社会发展，人的角色也在多元化，这更加大了对一个人评价的难度。以人为本，尊重人性，关注人的利益，逐渐成为了社会舆论的主流。特别是受近二十年西方管理思想的深刻影响，又强化了国人对尊重、平等、公平等观念的认同。不对人性进行扭曲、伤害，不对人做道德说教、评判，不对人的素质妄下推论、结论。不过，很多人的意识里仍残存着“对人”的毛病，我们就要大张旗鼓地鼓吹尊重人，“不对人”。

要做到这一点并不是简单的事情，因为这需要两方面的基础：一是要有一个完善和健全的评判标准体系；二是能够根据统一的标准，客观地评价。假如缺乏这两个基础，就算你觉得自己做到了“对事不对人”，却也往往不能获得他人的认同。可见“对事不对人”要求人一定要客观，并不是想当然就可以的。

一家快速发展中的互联网公司面临着一个非常大的瓶颈。一方面，公司要面对独立流量带来的大量用户；另一方面，还要为合作的其他网站提供搜索服务。而公司服务器每天承受的访问压力已经接近了极限，如果访问人数再增加，就可能会导致服务器不稳定，会严重影响到用户的体验。于是，服务器负责人几乎天天都盯着服务器的状态，防止发生意外。

偏偏在这个时候，公司销售部又谈成了一个合作网站，对方希望马上就能使用这家公司的服务器。服务器负责人对此很犹豫，因为他知道新服务很可能成为压垮服务器的“最后一根稻草”。但因为种种原因，没能坚持到底，新服务还是上线了。结果不出意料，连续几天公司的网络服务稳定性都很差。很多用户开始抱怨，新服务不得不紧急下线。

服务器负责人知道自己犯了大错，惴惴不安了好几天，并做好了挨批评的准备。他明白，以公司老板的个性，是容不得这么大错误的，从不发脾气的老板看来要在自己这儿破一次例了。事实上，公司老板对这件事确实很在意，但是在公司例会上，老板并没有对任何人发脾气，而是平静地认真地对服务器负责人说：“你的职责就是保证我们的服务值得依赖，所以这次事故你有很大的责任，要好好反思。”

然后老板很快将话题一转，看着大家说道：“现在，最关键的是怎么解决这个问题，你们有什么方案？我们赶紧讨论一下。”

服务器负责人提出自己已经准备好的解决方案，老板觉得这个想法考虑得很全面，然后认真地和他一起讨论了其中的一些细节。服务器负责人心头原本重重的乌云渐渐散去，他明白自己做错了事，也明白老板对这件事很不满意，但他知道老板给了自己改正的机会，也知道老板对他本人并没有什么成见。

对人不对事容易，对事不对人很难。我们常常听人说“对事不对人”这句话，我们也都知道这多半是关于批评的，“我们的批评是因为这件事情做得不好，并非这个人不好”，或者说就是“我们只是不接受这件事情，并非不接受这个人”，再翻译一下就是“我们不接受这件事情，但是接受这个人”。那么，是不是真是这样呢？

有个孩子经常和自己的弟弟吵嘴打架。有一次，他俩在打架的时候，他们的妈妈发现了，过去就是给他俩每个人一个巴掌，打得两个孩子头晕眼花，一把鼻涕一把泪。他们的妈妈觉得生活很困难，顾不上处理兄弟之间的事情。给两个孩子各一个巴掌，是想传达这么几个意思：“我很忙，我要干活，没有时间来管你们，我拼命干活是为了让你们过得更好。我不希望看到你们打架，手心手背都是肉，你们两个我都爱。每个人一个巴掌，是结束你们之间纷争的最快办法，这样我才有时间干活，才能更好地爱你们。你们俩我不偏爱哪一个，所以每人一个巴掌。”

妈妈本来想要传达的意思是：“我爱你们，我接受你们，但是我不能接受你们打架的这个行为。”可是两个孩子心里想的却是：“妈妈打我，打得我很痛，妈妈不爱我，妈妈不接受我。”

为什么原本妈妈想传达的“我不接受你们这件事情，并非不接受你们这个人”，而孩子理解的却是“妈妈不接受我们这个人”？同样的，很少有上级会故意与下级为敌，故意树敌。但是当我们受到上级批评的时候，总觉得上级是在故意为难自己，不接受自己。道理其实是一样的，孩子妈妈想的是“接受孩子”，行为上表现出来的却是不接受他们。也就是说，那个巴掌是一个沟通障碍，歪曲地传达了原本想表达的意识。

虽然一个人本来想“对事不对人”，可是因为沟通的障碍，接受者感受到的可能是“对人不对事”，所以要真正做到“对事不对人”，让表达者传达的本意以正确的语言方式和行为方式被接受者感觉到，就必须去除沟通障碍，把接纳情绪和拒绝行为统一起来。当一个人表现出色时，他希望得到的是针对他本人的赞美，对他本人有高度评价，要求重点是“对人”；反过来，当一个人表现不好时，他希望人们只针对事情本身做出分析以及找出原因，不对自己的能力产生怀疑，要求重点是“对事”。这是很好理解的人之常情。以此打造的和谐融洽的人际关系氛围，才能使我们在一个快乐的社会环境中心情舒畅地工作生活。

4.4 当感性判断成为论据时

我们都有这样的生活经验：当我们情绪紧张的时候，就很难能保持清晰的思维，也就很难做出冷静的行动。当人处于暴怒状态时，不可能维持自己的理性思维。所以，我们在理性场合和别人辩论时应该尽量让情绪保持平静，不受太多非理性的感性判断影响。

但人类天生是情感动物，要做到不受感性判断影响不是简单的事情。促使人们做出合理论证的是智力因素，而感性思想和理智是彼此关联的，所以我们只能尽量做到不要被情感的暗示左右。面对一个结论时，不能只是因为觉得美好就接受，而必须因为它是正确的，我们才接受。亦即要时时记住如下的原则：永远不要直接调动自己的情感，要努力去发现真相，只有真相才值得我们为之欢呼雀跃。

老王在下班的路上经过一个卖炸鸡块的店，就停下来要了一份。正在等待时，来了一对五六岁的小兄弟，用稚嫩的童声说道：“我们买二十块钱的炸鸡块，请分成三份。”

老王觉得很奇怪，就问道：“你们只有两个人，为什么要分成三份呢？”

哥哥答道：“因为我们的妈妈也要吃！”

老王不禁微笑起来，暗自赞赏两兄弟的孝心，谁知弟弟接着说道：“如果全装在一个袋子里的话，妈妈会多吃的！”

下面是一些生活中常见的，以感性判断影响人们理性思维的方式。认识了这些常见形式后，再遇到类似的论证时，就能识破其中的谬误和陷阱了。

（1）混淆视听。在前面的章节里我们已经讨论过一些混淆视听的论证谬误了，这种谬误的目的就是使听众的注意力离开真正的论点，转移到和原本论证主题无关的事物上去。

> 王峰是一家公司的员工，最近公司要推出一个新的产品，而王峰和其他一些员工认为这个产品还不成熟，在正式推出之前还需要很多进一步的改进。于是王峰和其他一些员工一起去找公司上层陈述意见。公司老板强烈建议应该尽快推出新产品，并迅速投向市场。但是随着员工们的据理力争，老板渐渐觉得自己理屈词穷了。于是老板突然宣布，今年的年终奖不发了。结果员工之间马上产生了混乱，原先关于新产品的争论终止了，大家开始把质疑集中在为什么今年不发年终奖上。于是公司顺利地推出了新产品，并在一段时候后宣布，今年的年终奖照常发放。

在这个例子中，老板突然宣布的不发年终奖，就是一种用来攻击对手并与论证毫无关系的爆炸性情感信息。这个情感信息混淆了员工的视听，成功地使大家的注意力转移开来。可见，混淆视听是故意提出一些无关的情感信息来分散对方的注意力，它直接诉诸情感，而不是推理，它所提供的信息也与正在进行的论证毫不相关。

混淆视听是政治性宣传中经常使用的伎俩，常常将一个论点和一些情绪化的词语联系起来，使人们不自觉地被情绪化的词语带动起非理性思维，并以此来达到政治宣传的目的。这些常见的情绪化词语有：“伟大的”、“光荣的”、“战无不胜的”、“胜利的”、“无耻的”、“不明真相的”、“反动的”等。

（2）以人数压倒。“少数服从多数”是一种民主制度，但不是逻辑原则。一个命题是否为真或一个论证是否正确并不取决于多数人的意见如何。因此，在逻辑上，再多的人认为一个命题正确也无法由此证明命题的正确性。然而生活中以“多数意见”为由压倒论证对手的谬论并不少见。

苏格拉底之死就是一个例子。这位哲人的死发生在号称最珍视人类言论自由、最民主的雅典城邦。当时起诉苏格拉底的三人都是雅典公民，以美莱特斯——一位拙劣的悲剧合唱歌曲的作者为首，对苏格拉底提起公诉。指控是不敬神灵和蛊惑青年。

当时，审判苏格拉底的陪审团由五百人组成，先是由原告和被告分别为自己辩护，并进行举证。之后陪审团举行第一次投票，决定被告是否有罪。

在第一轮的投票中，苏格拉底以二百八十票对二百二十票被判有罪。苏格拉底在法庭上辩解自己非但无罪，反而于城邦有功。他的辩解和藐视法庭的态度，使那些本来同情他的陪审员改变了选择，最后以三百六十票对一百四十票判他死刑。

用我们现代人的眼光来看，苏格拉底的罪名是莫须有的。没有确凿的犯罪证据，也没有导致直接的伤害。但在雅典，对犯罪行为的认定不看这些，只要陪审团投票认定有罪，罪名就会成立。

有的人喜欢在自己的论点前加上“很多人都是这样的”，而在自己反对的论点前加上“有那么一小部分人认为”。类似的句式还有：“群众都认为”、“大伙纷纷表示”、“是中国人都同意”等。这种用无名无姓、没有面孔、无法核实的“大多数”来做主语，造成一种“大家都这么说，所以一定正确”的假象。

（3）妖魔化对手。妖魔化的形式有两种，一种是把持有不同意见的对手进行丑化，比如说成是非人的异类，排斥于人类之外，以此剥夺对方辩论的资格，甚至以此暗示被虐者低人一等，使施虐者没有负疚之感。另一种是把不同意见的持有者划成“敌人”，用无法讲理的“你死我活”的敌对来代替相互沟通和妥协，以战场逻辑来代替生活逻辑。进行丑化的常用词语有：“几只苍蝇嗡嗡叫”、“臭老九”、“小爬虫”、“走狗”、“洋奴”等。进行敌对化常用的词语有：“打倒”、“消灭”、“粉碎”、“揪出”等。因为历史原因，这些词汇仍然时不时地出现在人们的眼中，我们必须认清这些词汇背后的非理性因素。

日本发生地震的时候，很多平民因此受伤或者无家可归。在号召捐款捐物的时候，有些人就会提起日本曾经对中国的伤害，辱骂甚至幸灾乐祸。我们是要牢记历史教训，但是在自然灾难面前最好别总拿历史说事，一事归一事，这和汶川地震时日本派遣了救援队过来是一样的。出于人道主义，愿意哀悼的就表示哀悼，有能力捐款的就去捐款，当然不想哀悼的可以不哀悼，不想捐款的也完全可以不捐，这都是个人行为，别人无法干涉。

（4）以情动人。当不能对某个论证做出合理反应时，有些人会用这种策略。以情动人这种逻辑谬误的关键点在于故意使人忽略或者低估手头上的问题，把焦点放在论证的外围问题，或者是无关的问题上，通过这样来直接影响听众的情感。

一个政治家受邀出席镇上的集会，要发表对教育业税收增加问题的意见。这位政治家本身是反对增加教育业税收的，但他在演讲的时候并没有论证自己的观点，而是把大部分的时间都花在向听众描述自己在学生时代的时候，因本地的教育系统而感受到多少无法挽回的悲哀与悔恨。通过这种以情动人的方法，政治家成功地赢得了听众情感上的支持，也赢得了大家对自己观点无形之中的支持。

以情动人一般分两种：正面的情绪、负面的情绪。比如假装正在讨论的问题不值得严肃对待，哈哈大笑，暗示大家这只是个可以一笑而过的问题。使人们嘲笑某个论证是反对它的强有力的途径，但是这种方式对论证本身的价值没有任何影响。如果辩论者不能使听众嘲笑论证本身，他可能会试图将他的对手作为笑料，将听众的注意力转移到一些无关主题的事情上。例如，演讲中对手的口吃等，以此来回避他所不能胜任的辩论。当然，确实存在不恰当的可笑论证，它们受到大家的嘲笑是应该的。但即使在这种情况下，花点时间来说明为什么这个论证是失败的，同样好过简单地嘲笑论证本身。

负面的情绪主要是通过博取听众的同情来达到转移论证注意力的目的，比如女性常用的“以眼泪说服男人”。论证经常遭遇情感方面的问题。当遇到这种问题时，很重要的一点是，一定要做出比平常更多的努力来控制情感。强烈的情感和清晰的思维是成反比的，一旦情感超过一定界限，引导论证正确进行的机会就随之归零。

4.5 你是怀疑论者吗

在推理的过程中，合理的怀疑是必要的，但是我们必须有选择地使用它。我们需要将两种怀疑态度区分开：一是在特定的情况下，将怀疑作为一种适当的、必要的态度；二是将怀疑永久化。在确实存在疑点的情况下，我们当然要合理地质疑。例如，当我们面对一个前提存有争议的论证时，都应该对前提的正确性提出疑问，这是种有益的怀疑。而后者对任何事情都持怀疑态度则正是我们要极力避免的怀疑论者的态度。

首先我们可以来看一下怀疑论的一些基本概念。作为哲学上的怀疑论最早是古希腊哲学的一个流派，这个流派对于人能否发现真理既不加以肯定，也不加以否定，持一种怀疑的态度。所以怀疑论是对客观世界和客观真理是否存在、能否认识表示怀疑的学说。他们勉强承认这个世界上或许有真相存在，但是坚持认为，即使真相存在，人类也没有能力探知它。初看起来，这个结论似乎给了真相一席之地，但事实上并非如此。真相如果只存在于理论上，不能通过实践去检验，那它还是不存在的。同时，怀疑论承认现象，但怀疑事物的本身是否和它呈现的现象相一致，认为感觉并不能给我们提供关于自然事物的性质的知识。

其实在中国古代哲学中也早就有了类似思想的存在，比如著名的“子非鱼”：

庄子与惠子游于濠梁之上。庄子曰：“鯈鱼出游从容，是鱼之乐也。”

惠子曰：“子非鱼，安知鱼之乐也？”

庄子曰：“子非我，安知我不知鱼之乐也？”

惠子曰：“我非子，固不知子矣；子固非鱼也，子不知鱼之乐也，全矣！”

庄子曰：“请循其本，子曰汝安知鱼乐去者，即已知吾知之而问我。我知之濠上也！”

这个典故翻译成白话大致是这样的：

庄子和惠子在河堤上散步。庄子说道：“河里的鱼游来游去，真是快乐啊。”

惠子问道：“你又不是鱼，怎么知道鱼快乐呢？”

庄子答道：“你又不是我，怎么知道我不知道鱼快乐呢？”

惠子道：“我不是你，所以不知道；你也不是鱼，所以你也不知道鱼快乐！”

庄子道：“咱们回到辩论的开头，你问我怎么知道鱼快乐的，即你已经知道我知道所以才问我的。我是在河堤上知道的！”

以怀疑论的眼光来分析，可以这么说，庄子的观点倾向于可知论，而惠子则倾向于怀疑论，但是他们的争论由于受到当时的科学发展和生产力的限制，显得过于单薄，缺少有力的论据，也并没有对这一问题的本质多加思考。

逻辑在本质上是关于真相的。如果真相是怀疑论者认为的那样，只是一个让人永远可望而不可即的幻影，那么逻辑就没有存在的意义了，因为所有推理的总和其意义也抵不过一个无用的实践。历史上有很多哲学家都研究过怀疑论，并提出了很多想法。

哲学家贝克莱提出了这样一个命题：存在就是被感知。他怀疑自己面前的石头是不是真实存在的，因为只要我们不去感知它，比如闭上眼睛，似乎这块石头就是不存在的。但贝克莱并不是真正地认为石头的存在是虚幻的，因为他后来补充道：“上帝的眼睛始终是睁开的”。

著名的科学家和哲学家笛卡尔，他也怀疑自己周遭的一切，认为它们都像是梦境般虚幻。但他同时认为“我正在怀疑”这个是不可怀疑的真实。因此，与其说他是怀疑一切，不如说他是要借此推出人有一个思维的主体。

哲学家休谟怀疑，因果律的背后只不过是人类的一种联想能力，因为我们无数次地看见火会灼人，于是就相信这两类现象之间存在因果关联。但休谟同时也强调，当哲学家回到日常生活时，就该远离这种哲学思维。其实他想说的是，常识就是一种足够可信的东西。

如此说来，这些哲学家与其说是怀疑论者，不如说是想要通过怀疑来推出某种哲学命题。可以说，怀疑论是一种心态或能力，这种能力不强调判断某结论是否为真，而只是以一种悬而未决的状态思考问题。怀疑论者拒绝独断，所做的是不断地怀疑和思考。

正如哲学家维特根斯坦所说：“在一个正常的社会中，信任是常态，怀疑是非常态”。因此，我们总是天然地相信，母亲是爱自己的，房子不会倒塌，桥不会垮，火车不会脱轨。总之，相信明天的太阳照常升起。这些都无需理由。而怀疑总是事出有因，而不会无端怀疑有人给自己下毒，怀疑飞机会掉下来，甚至怀疑世界末日就要来到。

合理的怀疑所衍生出的怀疑精神是科学以及哲学发展的源动力之一。我思故我在，历史上哲学体系之间更替、科学史上不同范式之间的更替都以这种怀疑精神为基础。如果每一个后人都对前人的话绝对相信，那是不可能有创新与发展的，那么人类也只会停滞不前。

怀疑不是否认，怀疑催生了思考。可以说，我们不强求最终认知真理，只是享受追寻真理的这一过程，以及不断怀疑批判而从中获得的各种东西。因此，持有怀疑精神同样可以有积极向上的人生态度和面对争议的平和心态。但如果把无端怀疑作为一个长久的态度，变成一个怀疑论者，那就是极度危险的。它使你在开始推理之前就设下障碍，扭曲推理的正确进程。

4.6 你是不可知论者吗

不可知论认为除了感觉或现象之外，世界本身是无法认识的，可以看作是一种极端的怀疑论。不可知论宣称世界上根本没有所谓的真相，这个世界的一切都是不可知的，真理是不可能被把握的。很明显，这其实是个自相矛盾的结论，因为如果这世界上没有真相，“世界上没有真相”这个命题本身我们又该怎么判断呢？

不可知论最初是由英国生物学家赫胥黎提出的。他否认社会发展存在规律，否认社会实践的作用，断言人的认识能力不能超出感觉、经验或现象的范围，不能认识事物的本质及发展规律。在现代西方哲学中，许多流派从不可知论出发来否定科学真理的客观性，否认认识世界的可能性或者否认彻底认识世界的可能性。

不可知论宣称没有足够的证据可以对某个事物做出确定的判断，这种情形通常与宗教信仰有关系。一个无神论者宣称世界上根本没有神，而一个不可知论者则声称他不知道这个世界上是否有神存在。不仅仅在宗教上，一个不可知论者有可能在任何问题上都持不可知的态度。对此，英国哲学家罗素举过一个很好的例子：

> 现在有人告诉你，在围绕月球的轨道上有一个茶壶在做公转。可这个茶壶太小了，连我们最强大的望远镜也不可能观测到它，也就是说，我们无法证明这个茶壶“不存在”。当然，声称有这么个茶壶的人也无法证明这个茶壶“存在”。那么，如果这时有人跳出来说“因为你们无法证明绕月茶壶不存在，所以我相信它的存在”，这人不是愚蠢，就是疯子。
>
> 而不可知论者这时会说：“因为我们既无法证明这个绕月茶壶的‘存在’，也无法证明其‘不存在’，所以，我保持怀疑态度，这个绕月茶壶到底存不存在，我认为是不可知的。”

不可知论者的态度虽然要比第一个人要理性一些，但还是有些可笑的。因为，如此这般，那不可知的东西就太多了。世界上不能证明其存在也不能证明其不存在的东西实在是太多了，我们是否要对“机器猫”、“巨龙”、“齐天大圣”等都保持“不可知”的态度呢？如若这样，我们对“绕月的茶壶”表示“不可知”，明天有人告诉你在火星的赤道上放着一本书，后天又有人告诉你在木星轨道上有一只收音机……这些都认为是“不可知”的吗？显然，这种态度不够合理。

不可知论具有另一层含义，它并不是指所有的东西不能确定，而是指无法完全的确定。比如说“火星赤道上放着一本书”，这个命题按照现有的证据推理是不太可能为真的，我们不需要做完全的证明来确立这本书不存在，我们只要举出相应证据表明不存在的可能远远大于存在的可能就可以了。因此我们完全可以保留这个命题成立的可能性，而只做概率意义上的判断。

怀疑论者和不可知论者之间有显著的差别。不可知论者既不否定真相的存在也不认为它可望而不可即。他仅仅声称人们对任何确定的事物的真相都知之甚少。正如怀疑论一样，不可知论在有效的推理中也有一席之地。当我们承认自己的无知时，我们就是一个诚实的不可知论者。如果我们对某个事物的所知有限，不能做出确定的判断，那就应该尊重事实。否则我们做出的结论就是不负责任的。如果在对一个事物做了长久深入的调查后说“我不知道”，和根本没有付出任何努力时就说“我不知道”是有本质区别的。一开始就说“不知道”的人，不可知论更像是一个掩饰自己无知的借口，而这种无知是懒惰和漠视的结果。

和不可知论类似的还有悲观主义和盲目乐观主义。悲观主义者习惯在证据不足的情况下对事物做出悲观的预计，而盲目乐观主义者则恰恰相反。这两者都不是一个讲逻辑的人所应该有的态度，因为他们在深入了解事物并对其做认真分析之前，就已经做出了自己的判断。

在遇到辩论的时候，悲观主义者会假设：要辩论的问题是荒谬的；他的对手很愚蠢；辩论本身不能带来任何好处。悲观主义带来的问题，除了内在的不合逻辑外，还阻碍了我们探究真相的可能性，将悲观的预测变成自我实现的预言。相反，盲目乐观主义除了能给我们一个扭曲的美丽现状之外，只能给我们带来对未来的无尽失望，因为事实总是不如想象中那么完美。无论是悲观主义者还是盲目乐观主义者，他们对所处的世界都没有正确的认识。他们眼中的世界不是世界本身，而是一个自己想当然认为的世界。

乐观是健康情绪的关键，所谓的“积极心理学”也在近年逐渐流行起来，但健康的乐观和盲目的乐观之间存在巨大的差异。盲目乐观使得人们只看到生活中一切事情光明的一面，让人对生活中残酷惨淡的现实视而不见，还阻止别人表达悲伤、痛苦、愤怒、寂寞和恐惧。盲目乐观的人要求自己“笑对灾祸”，对自己反复说“一切都会好起来的”，常常会使问题变得更严重。小问题如果被忽略、掩饰甚至否认，便会扩散和蔓延，渐渐变成大问题。人们需要意识到在很多情况下事情已经无法改变。这很重要，因为接受现实才能有助于防止沮丧和抑郁，而盲目乐观和一厢情愿的积极想法有害无益。

如何分辨盲目乐观和理性乐观？遇到问题的时候，盲目乐观者会说：“不用想太多，一切都会好的。”理性的乐观主义者在事情不顺或倒霉的时候，不会空谈世界多么美好，他会说：“我们遇上棘手的麻烦了，事情似乎不顺，但如果我们一步步着手解决，还是能做点事情的。”

第五章
理清话语中的概念

5.1 语言是有很大局限的

能够使用复杂的语言进行交流是人类和其他动物之间很明显的区别，但就像人是感性和理性的综合体一样，承载人们交流功能的语言也并不是完全理性严谨的，其中充满了非理性的局限，比如语义模糊、一词多义等。在需要讲逻辑的场合，语言中的这些局限就会制约沟通的有效性。

一个可靠论证或可信论证要求论证中各命题涉及的概念必须清晰确定，然而我们语言中的很多词语是没有严密逻辑定义的。如果在论证中使用这些含义模糊的词而不加详细解释，这个论证就失去了说服力。

传统文化中很多概念都是没有严格的逻辑定义的，即使一些关键的概念也没有确定其内涵和外延，这使得很多概念各人有各人的解读。比如“道”、“仁”、“圣”、“君子”、“小人”等。传统文化的这个特点导致现在有些人热衷于谈论一些似是而非的“逻辑”命题，却连命题涉及的概念都没有讲明白。比如传统中医讲究的“脏”、“腑”、“阴”、“阳”、“寒”、“热”、“虚”、“实”、“表”、“里”等，都没有确定的含义，使中医的基础成了不确定的无从捉摸的东西。因为没有明确的逻辑概念，逻辑学的基本规律没法应用到传统中医之中，于是传统中医这门学问成了只可意会不可言传的“玄学”，变成学习者个人凭经验和灵感发挥的艺术，于是传统中医无法用逻辑方法进行整理，与其称之为一门理性的“医学”，更适合称之为一种感性的传统文化。

网络中也经常有这种大混战，论战各方围绕着一个模糊的概念互相攻击，却没有想过这个概念究竟有什么含义。比如这些最容易引起论战的词语："国家"、"民族"、"民主"、"爱国主义"等。勒庞在《乌合之众》一书中说过："词语的威力与它们所唤醒的形象有关，同时又独立于它们的真实含义。最不明确的词语，有时反而影响最大。例如像民主、社会主义、平等、自由等，它们的含义极为模糊，即使一大堆专著也不足以确定它们的所指。然而这区区几个词语的确有着神奇的威力，它们似乎是解决一切问题的灵丹妙药。"

可见，在群众社会中使用含糊不清的词语，往往是一种蓄意误导的宣传手段。所以当遇到一个论证涉及这些大而空泛的词语时，必须小心地界定。在这个论证中，这些词语的具体含义究竟是什么？

概念混乱所造成的严重后果是，即使论证遵循的思路是正确的，最后得到的结论也会是错误的。

文学只是文字的艺术，因而是不能翻译、无从比较的，所以外国人无法欣赏中国文学，谁是中国最杰出的作家只能由中国人自己决定。而作品的文学价值就是它的市场价值，所以谁拥有最多的读者，谁就是中国最好的作家。因为金庸拥有最多的读者，所以金庸是中国最大的文豪。外国人不欣赏他并不证明他不行。

这个论证的推理过程是很缜密的，没有什么逻辑错误。问题出在"文学只是文字的艺术"和"作品的文学价值即市场价值"这两个作为论证前提的命题中，对"文学"和"文学价值"这两个概念的定义上。可见清晰、准确、正确的概念是正确思维的第一步。一个词语的指代物不明确，它就是模糊的。

乙想买个新手机，请甲推荐一些款式给她。

甲："这款手机性价比很高，不喜欢吗？"

乙："不要，大家都不喜欢这样的手机。"

甲介绍这款手机的时候明确提出了自己的论点：性价比很高。而乙的回答却是模糊的，“大家”是指哪些人，“这样的手机”是指这款手机所具有的哪些特点？这就使得甲无法根据乙的这句话得到任何有用的反馈信息。

一个词语在生活中使用越普遍，它的含义就越模糊。避免产生歧义的方法是：让你所运用的词语尽可能地有针对性地反映出你的本意。而类似于“爱”、“公平”、“善良”、“正义”、“邪恶”等词语，具有不同价值观的人对它们的理解是不一样的，因此含义很不明确。即使有两个人认可相同的一句话，比如“为了正义”，这句话在两人心中的含义也可能是大相径庭，甚至是背道而驰的。所以在使用或遇到这类词语的时候，必须对其做出更明确的理解。比如，在你试图批评某件事情是“不正义的时候，你要先把你所理解的“正义”阐释出来。

除了语义模糊外，语言中还存在歧义的现象。这种语言现象是由于语法结构所导致的一句话可以有多种不同的理解方式。

在一条山间小路的岔口旁边竖着一个木牌，上面写着：“前方向右，滑坡危险！”

木牌上的这句话很简洁，却有两种理解：“前方向右的路上有滑坡危险！”“前方有滑坡危险，请向右避让！”这两种理解完全相反，使人看了以后不知道究竟是往左走还是往右。也许树立这块牌子的人是出于好意，但因为没有注意到语句中的歧义，并没有达到原有目的，甚至可能会使人误入危险的方向。

生活中很多人喜欢用一些委婉的说法来表达自己的想法，其原因可能是一些“社交习惯”和“社交礼貌”，很多时候委婉的表达能使自己显得简练与优雅。在社会交往中，委婉的表达是很重要的，但是我们必须注意不要使自己委婉的表达变成信息缺漏。如果在需要明确表达自己意见的时候不直抒胸臆，就有可能使人对你所要表达的意思产生误解。

一个小伙子向一个姑娘表白，姑娘答道：“明天我再打电话给你回复。”于是小伙子耐心地等到第二天，姑娘又答道：“我现在没心情，明天再谈吧。”

就这样，姑娘每次都和他说“明天再谈”，小伙子以为这是姑娘对他的考验，所以每次都主动去找姑娘联系。直到有一天，一个男的接了小伙子的电话，并吼道：“别再骚扰她了，我是她男朋友，我们已经准备结婚了，你早点死心吧！”

这时候小伙子才知道，那姑娘以前说的“明天再谈”只是一个拒绝的托词。

那个姑娘也许原本是想给小伙子留一点面子，但无论如何，小伙子都会有种被耍弄欺骗的感觉。每个人的时间和青春都是无比宝贵的，在一开始就明确地表示自己的态度，才是最负责任的做法。

生活中很多人在争论时不注意所用词语的含义是否严谨，从而无法将自己的观点明确地表达出来，甚至有些人故意玩弄语言游戏，并以此为自己的行为进行诡辩。

甲：“老王和他的老婆感情一直很好，两口子从来没有发生过矛盾。”

乙：“谁说他俩没有矛盾！”

甲：“有吗？他俩有过什么矛盾？”

乙：“任何事物之间都存在着矛盾，没有矛盾就没有世界，所以他们俩之间怎么会没有矛盾呢？”

“矛盾”这个词在不同的语境下可以表示很多不同的概念。甲所说的“矛盾”是指日常生活中人们之间“不团结”的现象，而乙所说的“矛盾”是客观事物内部两个对立面之间“对立统一”的一种哲学概念。乙故意把甲说的“矛盾”偷换概念，是一种俗称“抬杠”的行为。

一位乘客对公共汽车的售票员抱怨道：“这车怎么不停稳就开门，不等人上完就关门？”

售票员答道：“你没看见这辆车的车头挂的是‘快车’的牌吗？当然一切都要快啦。”

实际上“快车”是指比普通的公交车停站次数少，而非行驶速度更快。这位售票员为了给自己不负责任的工作态度作辩护，故意把“快车”曲解为“一切都要快”的车，是种偷换概念的诡辩。

老王对老刘说：“你吸烟挺厉害的，这对身体不好，我劝你下决心戒了吧。”

老刘则说：“你这个人不懂辩证法，事物都有二重性，有利就有弊，有弊就有利。任何事物都是一分为二的，吸烟既然是一种事物，所以也是一分为二的，有坏处也有好处，怎么能完全否定呢？”

诚然，好和坏是矛盾的两个方面，但矛盾的两个方面决不限于好和坏。老刘故意缩小“一分为二”这一概念的外延，把它仅仅归结为好与坏两个方面，以此为自己的吸烟恶习作辩护，这就带有诡辩的性质。现代医学已充分证明吸烟对人体有百害而无一利。

一辆公交车开到某站，车下的人不等下车的人下完，便一窝蜂似的往上挤。突然，“哗啦”一声，一块玻璃被一个小伙子弄碎了。

售票员对他说道：“同志，你把玻璃弄碎了，你要赔偿！”

小伙子反问道：“为什么要我赔？”

售票员说：“损坏了人民的财产就应当赔偿。”

小伙子理直气壮地答道：“我是人民中的一员，人民的财产也有我的一份，用不着赔，我的那一份不要了。”

国有企业的公共汽车是国家的财产，法律上讲确实是属于全民所有的。售票员所说的“人民的财产”中“人民”一词表达的是集合概念。所谓集合概念是反映由许多个体对象组成的集合体或群体的概念。集合概念与非集合概念的根本区别是它的内涵所反映的属性是属于集合体的，而不属于集合体中的个别分子。既然“人民的财产”中的“人民”是集合概念，那么其含义就是这些财产属于由全体人民组成的群体，不属于其中的个别人。因而，作为人民中的一员，理应十分爱护公共财产，以便用它来为包括自己在内的全体人民的利益服务。如果不是这样，而是每个人都以自己是人民中的一员为理由，任意地破坏或占有这些财产，那还有什么“人民的财产”可言？所以，这个小伙子的诡辩就是故意混淆了集合概念与非集合概念的区别。

甲：“你太自私了，不懂得妥协。”

乙：“自私不对吗？任何人都是自私的。”

甲：“怎么可能？世界上有很多人是大公无私的！”

乙：“一个人要求实现个人的利益和满足自己的需要就是自私，就是个人主义。而任何人都不能没有个人的利益，所以，任何人都是自私的，‘自私’是人的本质，世界上不可能有大公无私的人。”

乙的论证运用了这样一个三段论：凡要求个人利益的都是自私的；任何人都是要求个人利益的；所以任何人都是自私的。这个三段论的论证形式有效但结论错误，根据有效论证的特点可以判定其前提中必有错误。个人利益的满足是每个人生存和发展的保障，没有个人的利益，不但个体失去了生存的条件，而且社会也失去了其存在的基础。所以，个人利益人皆有之，即“任何人都是要求个人利益的”这个前提是正确的，所以错误出在“凡要求个人利益的都是自私的”这个前提上。它错在把“要求个人利益”和“自私”混为一谈。因为“自私”或“个人主义”的概念有其确定的含义，它指的是一种“损人利己”、“损公肥私”，把个人利益置于他人利益之上的思想行为。而我们所提倡的“大公无私”中的“无私”，指的是无“自私自利”之私，绝不是否定一个人通过合法的诚实劳动获得的正当利益。可见，乙的诡辩手法就在于不加区别地把“要求个人利益”与“自私自利”等同起来，犯了混淆和歪曲概念的错误。

电影院里正在放电影，观众席上却有几个人不停地高声谈笑。旁边的一位观众忍不住就劝他们道：“你们讲话影响大家看电影，请你们不要讲话了好吗？”

谁知其中一人一脸不屑地答道：“那你现在不也在讲话吗？”

这可能是很多人都遇到过的“不讲道理”。在公共场所看电影时大声说话，妨碍别人看电影，是一种违反社会公德的行为。对这种行为提出批评是完全正确的。那人指责批评者“也在讲话”，是把看电影时的“大声讲话”同制止这种行为的“讲话”以及同一般的“开口对人讲话”混为一谈，是纯属故意混淆概念的诡辩。

甲：“什么叫‘先生’？”

乙：“所谓‘先生’，就是先出生的人。先出生的人自然会先死，所以当我们称呼别人为‘先生’时，就是在说他会先死。简而言之，就是‘先生先死，先死先生’。”

在生活用语之中，“先生”是一种礼貌用语，是对被称呼者的一种尊称。乙望文生义地把它曲解为“先出生的人”，然后又提出一个虚假的大前提：“先出生的人自然会先死”，并进一步推出结论“先死先生”。这是一种歪曲概念的诡辩。

小赵、小钱、小孙、小李四人是同学，他们常聚在一起讨论问题。有一天四人同桌吃饭，为桌上的半瓶酒争论起来。

小赵说：“这瓶子一半是空的。”

小钱说：“这瓶子一半是满的。”

小孙说：“这有什么好争的，半空的酒瓶就等于半满的酒瓶。”

小李说："不对。如果'半空的酒瓶等于半满的酒瓶'这个等式能够成立，那么我们把等式两边都乘以二：半空的瓶乘以二，等于两个半空的瓶，而两个半空的瓶就是一个空瓶；半满的瓶乘以二，等于两个半满的瓶，而两个半满的瓶就是一个装满酒的瓶。这样，岂不是一个空酒瓶等于一个装满酒的酒瓶吗？"

小孙的话犯了偷换概念的错误。实际上，"半空的酒瓶"与"半满的酒瓶"之间是相互蕴涵的关系，或者说是一种相互"可推出"的关系，即从"这是半空的酒瓶"可推出"这是半满的酒瓶"，反之亦然，而小孙用"等于"的概念偷换了"可推出"的概念。这正如已知某班20个学生中一半是男生，另一半是女生，我们可以由前者推出后者，也可以由后者推出前者，但不能说10个男生就等于10个女生。

小李指出小孙的话"不对"，这是正确的。但小李在反驳中也犯了偷换概念的错误。表现在他认为"两个半空的瓶就是一个空瓶"和"两个半满的瓶就是一个装满酒的瓶"。因为"两个半空的瓶"和"两个半满的瓶"分明说的都是两个瓶子，怎么会成为一个瓶子呢？就是说，"两个半空的瓶"不能合成"一个空瓶"，"两个半满的瓶"也不能合成"一个满瓶"。小李的诡辩错误就在于把"两个酒瓶"偷换为"一个酒瓶"。

老王到一家书店去买书，书店营业员的态度很不好，语言粗暴。老王就诚恳地劝导她道："你这位姑娘呀，应该多看些书。"没想到营业员却来了个反唇相讥："我天天在书店看着书，用不着你操心。"

老王所说的"看书"显然是指多学习一些知识，开阔视野，提高思维水平，端正服务态度。而营业员说的"我天天看着书"，其意思是指自己每天都守着这些书，而不是学习的意思。这位营业员为了拒绝顾客的善意帮助和提醒，故意偷换了老王所说的"看书"的概念。

新学期开始了，一个孩子从学校放学回来一进门就喊：“爸妈，不得了了，这个学期我们要早上7点到校！”

家长觉得很奇怪，孩子7点到校对于有些家庭来说并不实际，尤其是进入冬季后，天亮晚，过早上学更不安全了。于是家长仔细阅读孩子带回来的学校通知，上面写着：“按时上学，上午7∶00进校。”

第二天，很多家长都来学校询问情况。在找到学校校长后，校长答道：“没有这回事。我们是要求学生从上午7点到开课前的8点入校，从来没有把上课时间定在上午7点。”

原来，由于校门前的道路在修整中，有的学生早上6点半就到学校了。可是那么早可能老师尚未到校，有一定安全隐患。所以学校出于学生安全的考虑，要求学生“晚一点”到校，只有上午7点以后才可以进校门。

因为语言的歧义，学生和家长的理解与学校想要表达的完全相反。

论证所使用的词语应当有清楚的定义。在任何具体的，尤其是较复杂的论证中，主要概念的定义不会就是《新华字典》一类工具书的定义，而是需要做“特别界定”。说清词义是论证的第一步。有些争论的关键点往往就是在对特定词语的定义上，所以不能把自己对一个词语的定义当作是当然正确、不容置疑的真理。

5.2 关键概念需要详细界定

上一节我们已经知道，生活中使用的歧义和含糊的语言常常会干扰清晰的思维。有些词的含义本来就是含糊的，指代范围上是不确定的。例如，我们都同意超过十亿资产的人可以算是富人，那么到底一个人有多少财产才称得上是“富人”呢？“富人”和“不是富人”之间的分界点到底在哪里？恐怕很难说清。所以涉及“富人”的论证就需要我们对其中“富人”一词的含义做出详细的界定。

混淆概念的逻辑错误经常出现在我们的日常言语中，且极易在网络上作为“妙语”、“格言”流传，因为这类“妙语”往往会达到意想不到的效果，如：

> 青年画家曾沐妙论男女时说：“男人总说女人是完美主义者，其实真正的完美主义者恰是男人自己，几乎每个自信的男人都是。他们准备结婚的时间比女人化妆的时间长多了。”

这句话显得很巧妙，似乎从另一个角度来看待问题。但很显然，他将男人准备结婚和女人化妆等同起来，并把“完美主义”的标准局限在做一件事情的时间长短上，而忽略了完美主义所应该包含的其他内容，比如完美的实质、品味等。再比如一条流传的爱情“格言”：

> 千万别相信一见钟情，因为婚后你不可能只看他（她）一眼。

这句话也给人耳目一新的感觉，很多人就将其视为真理了。但这句话有意地在字面上曲解了“一见钟情”的意思。“一见钟情”的“一见”是指“见到第一眼”，而不是“只看一眼”。可见澄清含糊不清的概念，使模糊的术语更明确，在论证中是非常重要的。

逻辑论述中，避免语义不清和模棱两可最有效的方法就是定义术语。我们说定义术语，其实定义的是术语所代表的客观事物。定义的过程，是我们根据要定义的事物与其他事物相联系的方式，给它一个精确“位置”的过程。在定义一个词语的过程中，我们要尽可能地严格划定它所代表事物的边界。严格定义术语才能厘清我们自己的思路，思路清晰后，我们才能更有效地和别人进行沟通。

在研究如何定义词语的含义前，我们需要先了解什么是“外延”和“内涵”。所谓“外延”就是由一个词语所应用的事物组成的集合，比如“猫”的外延由“家猫”、“野猫”、“卷耳猫”、“短尾猫”等组成。而“内涵”则由为了包含在词项外延中所必须具有的事物的性质组成，所以“猫”的内涵包括了这样一些性质：长毛的、四肢行走的、有爪子的、有长长胡须的等。

我们可以通过一个词的外延来明确它的意义，也可以通过它的内涵来明确它的意义，但是，外延定义和内涵定义之间有一个基本的区别。要给出一个物品的定义，人们一般是通过一个对象的外延来进行的。通常，我们不能全部把它们指出来，只能指出一些具有代表性的样本。因此，父母在教孩子什么是“苹果”的时候，会指着桌上的苹果，发出“苹果”的声音，然后指着盒子里的另一个苹果，再次发出“苹果”的声音。当然，这类定义并非没有问题。例如，如果父母指向的那些苹果都是红的，那么孩子就不会知道青苹果的存在。当然，这些逻辑错误都不是蓄意的，生活中还会遇到另外一类蓄意的逻辑错误：

一个人无论多大年龄没有了父母，他都成了孤儿。

这句话背后的逻辑其实很简单：没有父母的人是孤儿；一个无论多大年龄没有父母的人都是没有父母的；所以，一个无论多大年龄没有父母的人是孤儿。于是我们看出，一般理解的“孤儿”指的是“丧失父母的儿童”，而这里把“孤儿”的含义偷换成“丧失了父母的人”。这种逻辑错误经常出现在感性的文学作品中，以加强文字的情绪感染力。

除了用外延直接来定义词语外，有的时候我们可以单独或分组地给外延中的元素命名来做到这一点。一个列举定义就是给外延中的元素独自命名。例如：

所谓“科学家”，就是像牛顿、爱因斯坦、拉瓦锡、达尔文、霍金这样的人。

这样的定义是部分的，因为我们没有列出每一位科学家。但如果外延中的所有元素都被列出，那就是一个完全的列举定义。例如：

“四大名著”的意思是《三国演义》《红楼梦》《水浒传》和《西游记》。

当然，一般来说大部分的词语所包含的元素是非常多的，要列出那些词项外延中所有的元素是既不可能也不切实际的。所以另一种词语的外延定义，是按组给外延中的元素命名。例如：

"恒星"的意思是黄矮星、红巨星、白矮星、中子星等诸如此类。

和前面一样，这种定义也可以是部分的或完全的。上面恒星的定义是部分的，因为恒星中还有一些种类被省略了。如果一个词语所包含的子类很少，我们就可以进行一个完全的定义：

"中国国宝动物"的意思是熊猫。

虽然外延定义一般都很好用，但也有自身的缺点。比如有些词项是不能通过外延来定义的，因为它们的外延为空。

"狐狸精"的意思是一种能化身为人的本体为狐狸的妖怪。

狐狸精是一种虚构的存在，所以词项"狐狸精"的外延为空。虽然我们不能用外延的方式来定义"狐狸精"，但我们可以通过如上所述的，对内涵定义来明确其意义。

外延定义的第二个缺点，就是对于论证和具有理性的对话这样的目的来说，它们通常是不成立的。例如，假设甲和乙正在辩论一个行为是否正义，于是两人需要一个"正义"的定义。甲提了一些社会现实中正义的例子，即使乙同意这些例子是正义的，也不一定能对两人的讨论有什么启发意义。所以要细致而深入地思考有争议的问题，就要求更明确的术语，也就是对词语的内涵进行定义，通过指出为了包含在词项外延中所必须具有的性质，来明确一个词项的意义。字典中的定义是对词语内涵进行定义的标准例子。例如：

“内在”的意思是事物自身所固有的。

“逼近”的意思是向前靠近，接近，数学中指为了某种特殊的目的而获取一个虽不是完全准确，但与精确值足够接近的结果。

因为对内涵的定义实质上是一个命题，所以是有真假的，即这个定义要么真，要么假。如果它们正确叙述了该词项的既定内涵，则真；反之则假。

为了达到批判性思维的目的，重要的是要知道什么时候常规的意义将受到争论。举例来说，在一个哲学对话中间，有人可能会断言，没有人知道“真”是什么意思。是的，思考“真”的本质，可能会引起一些使人困惑的问题，但是，既然“真”是生活语言中的一个词，它就有一个常规的意义，即使这个意义可能是很模糊的。

一位学者访问一个著名的历史人文小镇，他问当地的一个小孩：“你能告诉我，这镇上都出生过哪些大人物吗？”

孩子答道：“没有啊，我们这儿出生的全是小孩。”

这则笑话中，学者觉得孩子聪慧机灵，但其实孩子只是无视了学者话语中的“大”的含义，而使用自己观念中的“小”的含义。这种“机智”的问答在传统书籍中记载尤多。下面我们看一些具体的分类：

（1）规定定义：规定定义独立于常规运用或既定运用来明确一个词项的内涵。因为各种原因，一个作者或说话者可能希望引进一个新词到语言中或赋予一个旧词以新的含义。通过引进一个规定定义，我们可以用一个简化手段来表达一个复杂的思想。

规定定义在科学上常常是有用的。例如，“黑洞”一词最早是物理学家为了描述因引力而彻底向自身内塌陷的恒星而引入的，那时没有用“黑洞”指称天体的约定用法。当然，现在黑洞这个词已经被普遍使用了，以至于它现在已经有可以在词汇定义中得到叙述的约定意义。

规定定义是一个在特定方式下来使用词项的建议或提议。既然一个建议或提议既不真也不假，那么一个规定定义也是既不真也不假。如果在某种特定方式下使用一个词项的建议保持下来了，并成为了既定使用的一部分，那么这个规定定义就变成了一个词汇定义。

（2）明确定义：明确定义通过对常规意义的强加限制来减少一个词项的模糊性。它不同于规定定义，因为它并不独立于常规意义之外，而只是把常规意义深化了，使之更具体。例如，假设我们要将“富人”定义为至少有一百万的财产，显然这个定义比通常生活中所说的“富人”要更明确。但这个定义不是规定，因为常规意义并没有被忽视而只是变得更具体了。

明确定义在科学和法律中都很普遍，尤其是在构建可操作的法律时是必要的。例如，假设国家希望给穷人提供补贴，因为“穷”这个词太模糊了，就需要对此进行 个明确的定义，例如一家人的人均年收入在多少钱以下。又比如在法律上如何认定一个人的死亡？在此目的下，“死亡”的明确定义将会是很有帮助的，但是一个人“死亡”了，就是她心脏停止了跳动吗？她停止了呼吸吗？她永远毫无意识了吗？她大脑停止了运动吗？从法律上来说，我们显然需要一个比这更明确的定义。比如现在大多数国家将一个人“脑死亡”认定为“死亡”，于是可以用脑电波测量进行精确的判断。这就是将原本模糊的概念明确化。

（3）理论定义：理论定义是试图提供足以理解一个词项所适用的那个事物的内涵定义。例如，当哲学家或科学家们在关于一些重要词项的定义上意见不一致时，如“知识”、“美德”、“质量”、“温度”、“空间”或“时间”等，他们就不同意这些词汇定义。他们不是仅仅试图规定这些词的意义，或者使常规的意义更明确，而是努力尝试达到对事物本质的更深刻更精确的理解。

柏拉图在他的一篇题为《欧蒂弗罗篇》的对话中讨论了下列定义：

“正确”的意思是众神赞成。

这个定义不是词汇的，也不是规定的，也不是明确的。而是试图给出一个关于道德上正确的本质的更深层的见解。然而，古希腊的宗教内容是多神的，众神之间冲突的可能性是辩论中所有派别都作为相关的东西承认的。柏拉图在对话中让苏格拉底来反对这个定义，指出同样的行为可能受到一个神的赞成但却受到另一个神的反对。那这样的行为根据定义可以既正确又不正确吗？因此，这个定义被柏拉图认为不合理而拒绝。

还有比如“温度”这个词。在日常语言中一开始只有简单的“热”、“凉”、“冷”等模糊的概念，物理学家给了它一个明确的意义：即“分子的运动”，也提供了一个理论定义的例子，即分子运动得越迅速，温度就越高。显然，“温度”的这个定义不能在分子理论发展之前就被给出。注意，科学家在给出这个“温度”的定义时，并没有叙述其常规意义。他们既没有给出一个规定定义，也没有让其常规定义更明确。他们给出一个理论定义，旨在提供一个对温度本质的更深入、更合理的理解，并能够进行定量的测量。

（4）属加种差定义法：逻辑上定义术语的过程分为两步：第一步，将要定义的术语放入最相近的类别当中；第二步，确定其与同类中其他事物不同的特性。我们所要定义的事物所属的最相近的类，是众多在某方面有共同点的事物的集合体。亚里士多德关于人的经典定义是“理性的动物”。在这个定义中，“动物”是最相近的类，是与人之归属最贴近的类别。因为人与这个类别中的其他成员一样，具有动物的属性。亚里士多德没有选择如“有机物”、“自然物”、“事物”等类别，因为这些类别所包括的范围太广泛了。那样，他所要定义的人将和不具有相同性质的其他事物混为一谈。

一个构造定义的技术值得特别注意，因为它能应用于各种各样的情况，是消除歧义和模糊的最好方法之一。这就是属加种差定义法。这个方法常常在构建规定定义、明确定义和理论定义时很有用，但是我们在这里首先重点关注的是词汇定义。要说明这个方法，我们需要一些技术性词项。首先，为了符合逻辑学家的习惯，让我们称那些被定义的词语为被定义项，然后称那个用来定义的词语为定义项。举例来说：

“白猫”的意思是白色的猫。

这里，“白猫”是被定义项，“白色的猫”是定义项。其次，我们需要定义真子类。X 类是另外一个 Y 类的子类，即 X 中的每一元素也是 Y 中的元素。例如，折耳猫这个类是猫类的子类。然而要注意，折耳猫这个类也是它自己的一个子类。相比之下，X 类是另外一个 Y 类的真子类，即 X 中的每一元素也是 Y 中的元素，并且 Y 拥有 X 所没有的元素。这样，折耳猫类是猫类的真子类，但是折耳猫类不是折耳猫类的真子类。

在逻辑学上我们可以说，“白猫”这一“种”在“猫”这一“属”之中，“猫”这一“种”在“哺乳动物”这一“属”之中，“哺乳动物”这一“种”在“动物”这一“属”当中。种之间的差别就是区分开同一个属当中某一种的元素与另一种的元素的属性。例如，假设猫是属，白猫是种，那么种之间的差别就是“毛色”这一属性，它将白猫与同属中的“黑猫”、“三花猫”等其他种区分开来。

特殊的不同点是用来将我们所要定义的事物从同类的其他事物中区分出来的特性。在亚里士多德关于人的定义中，“理性”这个特性，是将人从动物当中区分开来的不同点。特殊的不同点叫作特性，它确定了特定的类别，并把它同其他的类别区分开来。当定义某个事物的时候，我们所要做的仅仅是更精确地鉴别它：首先把它放入相似的类别中，然后指出其区别于其他同类事物的独一无二的特性。

总结一下就是：种是属的真子类，种差就是将属于同属当中的某一个种的元素与另一个种的元素区分开来的属性。比如：

种：前台、打字员、经理、会计……

属：公司职员

种差：工作职位

于是我们就可以用属加种差来给一个词进行定义。首先，选择一个比被定义的词项更一般的词项，也就是这个词项的属。接着找出用来识别这个词项和同一属中的其他种之间不同的属性。

"白猫"的意思是白色的猫。

"晴天"的意思是有太阳的日子。

"水草"的意思是长在水里的草。

在很多情况下，种差是一个更复杂的属性，需要许多词语去描述。

"噪声"的意思是没有规律、引人烦躁的声音。

"恐龙"的意思是一种生活在中生代的、巨大的、拥有四肢和尾巴的已绝种的爬行动物。

像"公正"、"美丽"、"智慧"之类本身就是很模糊的词语，尤其需要清晰界定。按照上面所说的方法，让我们来定义"正义"和"害怕"这两个相当模糊又很常见的词语：

种：正义

属：社会美德

种差：通过正义每个社会成员能得到其所应得的一切

"社会美德"是我们所要定义的术语所归属的类，因为它给了"正义"准确的一般性描述。对于这个术语来说，诸如"矿藏"、"协会"、"活动"等类显而易见是错误的。而类似于"概念"、"现象"、"事件"等又太过于宽泛，它们都缺乏近似性。但是，当"正义"被列为社会美德时，它就不是唯一的了。那么，什么可以把它同别的社会美德，例如"礼貌"、"慷慨"、"宽容"等区分开来呢？于是在定义中，我们又指出了它作为社会美德的独一无二性，非常精确。

种：害怕

属：人的情绪

种差：使人逃避所感知的危险

“感觉偏好”是另一个可以用来定义最相近类别的术语。特殊的不同点恰好可以告诉我们所面临的是何种情绪。使用属加种差法定义事物需要遵循一些特定的标准，不然就是不合适的。下面我们介绍一下使用属加种差法定义的一些标准。

（1）定义不应该是晦涩的歧义的或比喻性的。

“愿望”的意思是人通过对自身的某些给定的修正，来作为确定一个特殊活动的现实本质。

这个定义包含有很多晦涩的让一般人无法明确理解的词语。由于我们给词语定义的目的就是要澄清它的意义，因此在定义中出现其他可能使人迷惑的词语是不适合的，应该尽量使用最简单的词语。

“喊人”的意思是叫人去。

有时，一个定义在上下文中可以有不同的理解。比如上面的定义就是有歧义的：“叫人去”可以理解为去叫人，也可以理解为派人过去。当然，生活中大部分的词语都有多重含义，但是词语的上下文通常表明了这个词使用的是哪个意思。只有当上下文没有讲清楚哪一个是适当的意思时，歧义才会发生。

“科学”就是人类理性的结晶，是人类认识世界的窗户，是指引人类前进的明灯。

比喻性的定义通常会比较晦涩或有歧义。上面对科学的“定义”用了很多比喻性语言，也许很有文学性，但是引发了多种解释，所以是不合适的。

（2）定义不应该是循环的。

如果被定义的词语本身出现在定义里面，那么这个定义就是循环的。

> “量子力学”的意思是研究量子现象的学问。

如果一个人不知道“量子现象”一词的意思，就不可能看懂这个“量子力学”的定义。但要注意的是，这需要依靠上下文语境来确定，有些种类的循环是不成问题的。例如，假设对方已经知道什么是“量子现象”，自然可以通过“量子现象”来定义“量子力学”。

（3）定义可以使用肯定式的语言，就尽量不要使用否定式的。

> “狮子”是一种不是猫，不是狗，也不是马的动物。

这个定义让人仍然不知道狮子到底是什么样的动物。一个相对肯定的定义比一个相对否定的定义更有信息含量，因而它是首选的。然而，在所有情况下都给出一个肯定性的定义是不可能的。例如，“几何学上的点”的典型词典定义是“在空间中只有位置没有大小没有形状的东西”。“未婚妇女”一词被定义为“一个从未结过婚的年长妇女”。这些定义很难被改善，尽管它们有很大的否定性。

（4）定义应尽量确切，不应该太宽泛。

> “猫”就是一种有很长胡须的动物。

这个定义大大超出了“猫”的外延，所以显得太宽泛了。像狮子、老虎、老鼠等其他很多动物也长着很长的胡须。为了确定一个定义是否太宽泛，我们需要知道具体定义的背景或类型。

（5）定义不应该太窄。

“鸟类”是指那些长着翅膀和羽毛的，会飞的动物。

这个定义不能应用于“鸟类”外延中的某些对象，所以这个定义太窄了。像企鹅、鸵鸟等鸟类是不会飞的。为了确定一个定义是否太窄，我们需要知道定义的背景和类型。

（6）另外也有可能一个定义既太宽又太窄了。

“鸟类”是指那些会飞的动物。

一方面，这个定义太宽了，因为有些会飞的动物不是鸟类，比如蜻蜓、蝙蝠等；另一方面，这个定义又太窄了，因为有些不会飞的动物也是鸟类，比如企鹅、鸵鸟等。

（7）如果定义项通过不适合于相关背景、目的的属性来挑出正确的外延，则这个定义是有缺陷的。

“三角形”是我喜欢的几何图形。

这个对“三角形”的“定义”就是有很大缺陷的。如果三角形的确是我喜欢的几何图形，那么这个定义适用于正确的外延，即三角形类的元素。但“是我喜欢的几何图形”这一属性，并不适合形成一个词汇定义的背景。与之适合的是说话者默认的“三角形”一词的意思，即“由三条线段组成的一个封闭图形”。

“七”是一个星期当中的天数。

这个定义挑出了正确的外延，因为事实上一个星期确实有七天。但是作为一个词汇定义，这个定义是有缺陷的，因为它没有挑出与数学目的相关的属性，并没有涉及那个与既定用法联系在一起的属性，即“比六多一”。原则上，一个人不需要知道一个星期有几天，就可以知道“七”的一般含义。

“人”是没有羽毛的二足动物。

这是古希腊哲学家著名的对“人”的定义。现在，让我们假设，这个定义既不太窄也不太宽，即所有人且只有人没有羽毛且正常用两只脚直立行走。但他仍然违反了第七条标准，即是有缺陷。“没有羽毛的二足动物”这个属性，在人类的本质方面没有提供任何有价值的信息。

另一位古希腊哲学家亚里士多德也对“人”下过定义：“理性的动物”。这个定义很简单，却满足了以上的七条标准，成为永恒的经典。“动物”是“人”最相近的类别，“理性”是“人”和“动物”中其他种之间最大的不同点。

综上所述，定义可以被用来去除歧义和含混。外延定义和内涵定义都可以用于这些目的，但是某些类型的内涵定义在论证当中特别有用。属加种差定义法常常被用来建构规定定义、词汇定义、精确定义和理论定义。因此，这个方法在建构和评价论证上非常有用。最后，属加种差定义法必须遵守前面提过的那些标准。

逻辑定义的独特价值在于它揭示了所定义事物的本质。然而，当我们对一个事物没有深入地了解不能抓住其本质时，它的定义我们往往难以概括出来。在这种情况下，我们只能通过描述来宽泛地说明事物。好的描述是将一个事物可以观察到的现象尽可能多地详细完整地描述出来，它可能会揭示出一些关于事物本质的线索。

5.3 词语的情感力

上一节我们了解到词语的意义会随时间、语境和使用人的不同而不同。这一节我们来考察语言的另一个特点：一个陈述常常是感性的情感力和理性的认知意义并存的。如果被情感力影响了认知意义，就会形成逻辑错误。

上海楼盘的广告:“结婚不买房，就是耍流氓”。

杭州楼盘的广告:“你可以不买房，除非你摆平丈母娘”。

中国房地产研究会某副会长:“房价上涨，是因为丈母娘需求。”

这些言论全部指向一个命题：所有丈母娘都要求准女婿先买房再和自己女儿结婚。于是丈母娘几乎成了恶人之首。这有冤枉的成分：她是男人的最佳假想敌，但绝不是男人的真正敌人。如果想嫁给你的女人把房看得比什么都重要，即使你满足了她，婚姻也只是一个圈套。婚姻不等于房地产，爱情也不是经济学，物欲时代也有心跳加速的爱情和心灵合一的默契，有爱才可以给满分。上述的广告和言论使用了“流氓”、“摆平”等带有情感色彩的词汇，使得人们容易在情感的共鸣中不加思考地接受其所要传达的伪命题。

有许多词语除了表达概念，还具有浓厚的感情色彩。有些词语含有赞美的感情，称为褒义词，例如：领袖、成果、顽强、鼓舞、歌颂、果断、聪明、好人等；有些词语含有贬斥的感情，称为贬义词，例如：头子、后果、顽固、煽动、吹捧、武断、狡猾、坏蛋等。词语不同的感情色彩，常常被诡辩者所利用。

使用词语情感来进行诡辩有很明显的一个“套路”：诡辩论者在使用词语指称某一事物时，不是根据事物的实际情况，而是以自己的主观愿望为标准，凡是有利于自己的命题，定用“好词”；凡是不利于自己的命题，必用“坏词”。命题还没有进行阐释，用词就已经预先设定了情感语境：“密谋”、“公然”、“妄图”、“一小撮”等，使得对方的反驳变成“无需分析”的“一派胡言”、“猖狂攻击”、“大放厥词”。

美国每年大约有两万起杀人事件，枪支是凶手最常用的凶器。所以普通人可以拥有枪支这个制度不合理。

现在美国每年的枪击案太多了，以致人们无论白天还是晚上走在街上都要有死亡的心理准备。每一个疯狂的暴徒都拿着一个能随时将你杀死的凶器。我们必须反对普通人可以拥有枪支这种疯狂的制度!

第一个陈述主要通过提供信息来设计的，而第二个陈述则是通过表达感情或引起一个情感反应来设计的。一个语句所传达的信息程度叫做认知意义。例如，“大约”、“两万”和“杀人事件”这样的词语赋予了第一个陈述的认知意义。一个语句所表达或引起的情感叫作情感力。例如“死亡的心理准备”、“疯狂者”、“暴徒”等。所以第一个陈述的重点在于理性的认知意义，第二个陈述的重点在于感性的情感力。从逻辑的角度来说，第一个陈述比第二个陈述更有分析性。

遗传工程学是进步的科学，如果你反对遗传工程学，你就是在反对进步。

我完全不相信善恶终有报的观念，因为这只是一个用来吓唬孩子的谎言罢了。

这份工作待遇好，工作时间也合理。而且是非常体面的。你怎么就不愿意接受呢?

第一个陈述使用了“进步”，第二个陈述使用了“吓唬……谎言”，第三个陈述使用了“体面”，这些都涉及了情感力表现。在分析命题真伪时必须排除情感力部分，着眼于认知意义的内容上。

勒庞曾经研究过语言的情感力，他把说法翻新看作是宣传吸引大众的一个主要手段。他指出：“当群体因为政治动荡或信仰变化，对某些词语唤起的形象深感厌恶时，假如事物因为与传统结构紧密联系在一起而无法改变，那么一个真正的政治家的当务之急，就是在不伤害事物本身的同时赶紧变换说法……就是用新的名称把大多数过去的制度重新包装一遍。”

小明、小王、小陈三人在一起议论对老余的看法。

小明：“老余是一个立场坚定的人。不管事物的情况发生了什么变化，他都不为所动，仍然坚持自己原来的观点和做法，不人云亦云，随波逐流。对此，我很佩服。”

小王:“我不同意你的看法。我认为老余这个人太死心眼，尽管客观情况发生了很大的变化，他依然如故，不肯放弃从前的老一套，坚持所谓‘以不变应万变’的原则。我看这不是‘立场坚定’，而是地道的头脑僵化，思想保守。”

小陈:“我觉得你们二人讲的都有道理，但我弄不清楚‘立场坚定’和‘头脑僵化’这两个概念的根本区别是什么，以及如何具体确认这种区别。所以，我对老余还说不出明确的意见。”

如何确认坚持某一观点或做法是“立场坚定”的表现还是“头脑僵化”？这是一个十分复杂的问题，它涉及人们看问题的立场、观点和方法，涉及被议论对象与议论者的利害关系。具有不同立场观点、不同利害关系的人，可能对同一事物做出完全相反的论断。例如，对某种行为，他们可以说是“立场坚定”或“坚强不屈”，也可以说是“头脑僵化”或“顽固不化”；对一个“我行我素”的人，可以说这个人“有主见、有个性、自信心强”，也可以说这个人“狂妄自大，独断专行”；对一个缺乏某些生活常识不会处理日常事务的人，可以说他是“笨蛋”、“傻瓜”，也可以说他是“大智若愚”等。总之，这些人完全以自己当前的主观需要为转移，至于事物的真实情况如何，他们是不管的。在诡辩论者的词语“百宝囊”中，盛有各种各样的用词和概念，他们可以随时根据需要，选出一些加到事物身上。他们是“以名乱实”的能手。

为了揭示认知意义和情感力之间的区别，让我们考虑以下几个论证:

如果我们采集了黑熊的胆汁，然后将它们制作成人们需要的药物，许多人的生命都能被拯救。因此，我们就应该去采集黑熊的胆汁，然后用它们来挽救人类的生命。

第一个论证表现了如何用一个具有积极情感力的词语，来减轻某个事实或问题的负面效果。从字面意义上说，“采集”这个词是中性偏正面的，一般用在农业生产中。于是，抽取黑熊胆汁这个在道德上会让人不能接受或有疑问的事实，由于“采集”一词的情感力而变得情感减少了。有些人会简单地接受这个事实，不去进一步思考那些药物是否真的有效，制作药物的原材料是否有其他不用伤害动物的获取方法。

这个地方的人大多数都很惹人讨厌。因此，并不奇怪，为什么大家都讨厌这个地方的人。

在这个论证中，“惹人讨厌”一词具有很强的负面含义。这个词的情感力会使人们以为论证的前提支持其结论。但是，当我们抛开情感因素仔细看这个论证的结构时会发现，这是个很明显的循环论证：这个地方的人“惹人讨厌”，所以大家“讨厌”这个地方的人，所以这个地方的人“惹人讨厌”，这是个简单的逻辑陷阱。

妈妈跟孩子说道：“爸爸说你是全世界最可爱的孩子。你觉得是吗？”

孩子一脸平静地回答道：“不一定吧？他又没见过全世界的孩子，怎么知道我是全世界最可爱的孩子？”

妈妈很惊讶地问道：“那爸爸应该怎么说？”

孩子答道：“爸爸应该说，我是他见过的所有孩子里最可爱的！”

有时候，反而是没有受过太多误导经历的孩子才能一眼看穿语言中的逻辑漏洞。年龄越大，接触过的语言误导越多，反而渐渐无法第一时间看出一个论述中的情感诱导了。

很多摇滚音乐的歌词是淫秽的。这种道德肮脏的东西必须清除出我们的社会，不然会使我们的孩子走上错误的道路。所以我们应该联合起来抵制摇滚音乐。

这个世界上充满了恐怖、残忍的袭击，令人难受的贫穷、饥饿，使人衰弱的疾病等。简而言之，我们人类就居住在一个巨大的灾难之地上。但有些人却相信，这个世界存在一个仁爱的上帝。这只能表明，这些人根本不知道这个世界是什么样子的。

第一个例子利用人们对“淫秽”、“肮脏”以及自己孩子“走上错误道路”的情感力来影响人们的认知。在情感力和认知意义之间，逻辑主要与认知意义有关，即与陈述句信息内容之间的逻辑关系有关。因为在情感上含蓄的语言容易干扰其中的逻辑视野，所以我们需要区分一个句子的认知意义和情感力，以便于理解它们之间的逻辑关系。这至少在两种情况下会发生：首先，含蓄的语言会干扰我们理解一个句子的认知意义。我们可能因句子引起的感情而迷失或失去判断力，从而不能准确掌握其信息内容。其次，在情感上含蓄的语言会使我们看不见需要的证据。当我们的积极情感出现时，我们可能倾向于不经论证就接受一个说法，即使这个论证的确是需要的。

死刑应当被废除吗？不能！杀人偿命，天经地义。那些杀人犯就是人类社会的害虫，必须消灭他们。

“天经地义”和“人类社会的害虫”具有相当大的情感力。“害虫”使人联想到苍蝇、老鼠等让人讨厌的动物。所以，如果我们接受死刑犯是“害虫”的前提，我们也就容易接受他们应该被处死的要求。但“那些杀人犯就是人类社会的害虫”这句话具体的认知意义是什么呢？也许是这样的：那些死刑犯从道德上来说是十分坏的人。将这个前提放入情感上中立的词语之中，有助于我们不容易受到情感力的影响，也有助于我们思考与论证相关的批判性问题。例如，你是否真的认为，所有“十分坏的人”都应该被处死吗？难道不存在一个没有犯杀人罪，却在道德上十分败坏的人吗？如果有的话，那么实际上岂不是将死刑惩罚发展到了许多从没有杀过人的人身上？

你应该无视那些反对罢工的公司的论证。那些论证除了是资本家针对工人的宣传，其他什么都不是。

这个例子表现了在什么情况下，语言的情感力会使我们忽视对论证的需要。一旦我们将一些人的推论称为宣传，我们就容易变得不去理会它。毕竟“宣传”这个词代表了灌输思想，通常包含蓄意的欺骗和对事实的歪曲。但是如果提供了论证，那么我们就需要解释为什么它们会被冠以宣传的称号。例如，在哪里有欺骗或对事实的歪曲？也许有些反对罢工的公司的论证是正确的，即使这是出于公司的利益而去避免罢工。以下三个例子留给大家思考其中哪些地方使用了情感力干扰认知意义。

①中东的恐怖主义是当今世界和平的最大威胁之一。因此，我们应该提前对那些国家采取军事行动，瓦解每一个恐怖组织。

②为了减少空气污染而让人们少开车是很荒谬的。毕竟我们不能回到原始社会。

③杰克是一个混蛋，他必须被开除出公司。所有负责任的公司都不应该容忍员工中有这样的混蛋。

上文我们分析总结了语言中的情感力会怎样干扰我们的逻辑视野。但事实上，生活中论证性的言语要完全摒除情感力是不可能也是不必要的。几乎任何关于有争议的道德问题的前提中，所传达的信息都是容易具有情感力的。当为一个重要信念或行动方针作辩护的时候，引入某个观众的情感通常是合适的。当一个人被深刻的见解所打动，或者被严重不公正的真相所打动时都是完全合适的。如果你有一个逻辑的论证来支持结论，那么这个陈述就没有任何错误，听众无论从感觉还是从理智方面都会赞同它。但需要注意的是，情感的赘语不应该被用来代替可靠的论证。一旦将一个论证“翻译”成情感中立的语言，该前提不能支持结论将变得非常清楚明白，那么就是情感的语言取代了逻辑。

20世纪美国著名的黑人运动领袖马丁·路德·金有一个著名的演讲：我有

一个梦想。这个演讲使用了很多包含情感力的语言，但并没有因此忽视背后的逻辑关系：

> 我有一个梦想，有一天，这个国家将会按其信念的真正意义来崛起和生活："我们认为这些真理是不言自明的：众生生而平等"。我有一个梦想，有一天，在佐治亚的这个红色山头上，之前那些奴隶的儿子，和之前那些奴隶主的儿子，可以像兄弟一样共同坐在一张台上。我有一个梦想，有一天，哪怕是密西西比州，一个被不正义和压迫的热浪闷得无法忍受的州，会变成一个自由和正义的绿洲。我有一个梦想，我的四个孩子有一天可以生活在一个国家，在那里，他们不是通过肤色而是通过人格内涵得到评判。

尽管这篇演说有相当大的情感力，但它并没有用诉诸情感来取代实质论证。这一点可以很容易地看出来，如果我们将其中心论证转述为更中性的语言的话："众生生而平等。所以，人们不应该因其肤色而应该因其人格内涵得到评判"。这种情感力和认知意义齐全的陈述方法是值得我们学习的。

第六章

怎样的论据才可靠

6.1 双方背景信息需一致

不要想当然地认为你的听众会领悟你没有直接表达的意思。问题越复杂，这个原则越重要。有时，我们想当然地认为听众和我们一样了解问题的背景信息，可以牢牢把握所要讨论的问题，但实际上，可能很多听众对这些信息根本一无所知。当我们拿不准的时候，最好能清楚地讲明背景信息。

战国时，楚国有个富人，他有两个女儿。有一个穷邻居去追求大女儿，结果遭到一顿大骂。于是，他转而去追求她的妹妹，并很快就得手了，两人开始偷偷交往起来。

过了不久，富人死了，他的家境很快败落，那个穷邻居娶了富人的一个女儿做妻子。不过令人大跌眼镜的是，他娶的却是姐姐，而没有娶妹妹。有人觉得很奇怪，就问他："那个年纪大的骂你，年纪轻的喜欢你，你为什么要娶个年纪大的呢？"

这个邻居老老实实地说："我追求别人女儿的时候，当然是希望对方能答应我。年纪大的骂我，说明她为人十分本分。要娶妻子，我当然希望她对我忠贞不贰，对那些对她有企图的人破口大骂。"

我们暂且不论这个人的选择是否正确，但是这个故事让我们知道，生活中充满了信息不对称。每个人都应该小心对自己过分殷勤的人。在追求异性的时候，每个人都会力求表现自己，以免给对方负面的印象。如果你表现出很想和某人约会的样子，那对方可能就会怀疑你是不是找不到更好的约会对象。比如，你找到的是一个能达到 8 分的女孩，想要和她约会，但是如果她拒绝了你的话，你最好去找一个分值为 7 的女孩。所以，对于分值为 7 的女孩来说，她会想到，你是因为找不到比她更好的约会对象，才会找她的。假如你确实想和这个 7 分女孩约会，你要采用的策略就是，告诉她，一般你是和 8 分的女孩约会的，这次可以为了她破一次例。理想的状态是，你如果能让这个 7 分女孩意识到你根本就从没有想过要约她。

如果是在追求普通女孩，你最好有所保留。但是如果对方是一个美女，那该怎么做呢？比如对方是一个只能在电视中看到的超级名模，她知道在现实中，你很难遇到比她更漂亮的女人，而你自己也明白这一点。那你最好的选择就是大胆地表现。

考虑这个问题：如果所有的男人都在追求 10 分美女，那么是不是一个 10 分的美女一定会选到那个 10 分的男人呢？答案恰恰相反，由于信息不对称的存在，美女最后选择的很可能是那个最差的。因为信息不对称的存在，美女不知道追求自己的各个男人是多少分，只能依他们的表现来判定。表现最热情的是 1 分男人，因为他在任何场合都遇不到愿意和自己约会的女人；而最先退出的是 10 分男人，因为他稍微降低标准就可以轻易地和 9 分女人约会。所以，美女会看到身边的追求者好像越来越差，在最后只剩下 1 分男人时，会自然以为只有这个男人是最爱自己的。

再比如买二手车。买二手车就像是猜谜一样，买的时候，你不能完全了解汽车的性能。如果卖方非常急切地想要把汽车卖出去，那你就必须要想想其中的原因了。汽车的性能越差，卖方越是急着将其脱手。比如有一辆奥迪，卖主想要以 3000 元钱的价格卖给你，那你一定会怀疑这辆车还能不能用，或者这是不是一辆赃车？

经常乘飞机的朋友会发现，托运的行李有时会不翼而飞或里面有些易损的物品遭到损坏，这是一个很麻烦的事情，要向航空公司提出索赔，航空公司一般是根据实际价格给予赔付的，但有时某些物品的价值不容易估算，那怎么办呢?

有两个出去旅行的女孩，一个叫小红，一个叫小蓝，她们互不认识，各自在一个景点的同一个瓷器店购买了一模一样的瓷器，她们坐同一班次的飞机回去。在机场下来后，她俩发现托运行李中的瓷器可能由于运输途中的意外而遭到损坏，于是向航空公司提出索赔。因为物品没有发票等证明价格的凭证，于是航空公司内部评估人员估算了价值应该在1000元以内。但是航空公司无法确切地知道该瓷器的价格，于是，航空公司分别告诉这两位女士，让她们把该瓷器当时购买的价格分别写下来，然后告诉航空公司。

航空公司认为，如果这两名女士都是诚实可信的老实人，那么她们写下来的价格应该是一样，如果不一样的话，则必然有人说谎。而说谎的人总是为了能获得更多的赔偿，所以可以认为申报的瓷器价格较低的那位女士应该相对更加可信，并会采用两个中较低的那个价格作为赔偿金额，同时会给予那个给出更低价格的诚实女士200元的奖励。

这个瓷器实际的价格是888元。于是小红想:“航空公司不知道具体价格，那么小蓝肯定会认为多报损失多得益，只要不超过1000元即可，那么小蓝最有可能报的价格是900元到1000元之间的某一个价格。而我只要890元，这样航空公司肯定认为我是诚实的，并奖励我200元，这样我实际就可以得到1090元！”

实际小蓝也考虑到了这一步，并接着想:“一看小红就知道是个精明的丫头，不能中了她的圈套，被她算计了。她既然算计我，要写890元，我也要报复。所以，我就填888元原价，这样我的报价比小红低，最后还能得到200元的奖励！”

小红也接着想:“不能低估了小蓝，她可能已经想到我要写890元了，这样她很可能填真实价格了。我要来个更绝的，来个以退为进的战略，我填880元，低于真实价格，这下她肯定想不到了吧！”

小蓝不知道从哪里获得了风声，她想："你要来绝的，我比你更绝，我报800元，这次你死定了！"

于是这两位极其精明的女士相互算计，最后她们可能都会填689元，她们都认为，原价是888元，而自己填689元肯定是最低了，加上奖励的200元，就是889元，还能赚一块钱。

于是最后，航空公司收到她们的申报损失，发现两个人都填了689元，料想这两位女士都是诚实守信的好姑娘。航空公司本来预算的2198元的赔偿金现在只要赔偿1378元了。两位超级精明的女士，各自只能拿到689元，还不足以弥补瓷器本来的损失！本来她们可以商量好都填1000元，这样她们各自都可以拿到1000元的赔偿金，而就是因为互相都要算计对方，要拿得比对方多，最后搞得两人都不得益。

这个就是著名的"旅行者困境"博弈模型，这个模型最早是1994年由考希克·巴苏教授提出，它是一种非零和博弈，博弈的双方都为了让自己的利益最大化，而不考虑对方的利益。

唐僖宗年间，蜀中盗贼横行，为害乡里，老百姓怨声载道。崔安潜出任西川节度使，决心下大力气进行治理。他到任之后，并不忙着部署人员抓捕盗贼，而是先从府库中拿出了一大笔钱，分别堆放在西川三个大城市的繁华市集上，并在钱上悬挂告示："凡有能提供线索协助官府捕获盗贼者，即赏五百串钱。盗贼之间，凡能将同伙解送到案者，不仅赦免原先的罪行，赏赐也和普通人一样。"

这招果然奏效，没过多久，就有一个盗贼将同伙擒献于官府。审理时，被擒的盗贼不服，说："此人和我一起为盗已经17年了，每次所得的财物都是两人平分，他有什么资格抓捕我获赏？"

崔安潜说："既然你也知道我张贴了告示，为何不先下手将他擒来？这没什么可说的，要怪也只能怪你自己下手太迟，所以他能受赏，而你要受罚。"

崔安潜当即下令兑现诺言，将赏钱发给擒盗者，然后将被擒的盗贼严惩示众。消息传开之后，其余的盗贼都开始互相猜忌，彼此提防，整天钩心斗角，不得安宁。于是他们互斗的互斗，逃亡的逃亡，没过多久，西川境内就再也没有盗贼了。

这个例子与博弈论中的“囚徒困境”非常相似。崔安潜知道盗贼大都是合伙作案，于是有针对性地采取了攻心为上的策略，瓦解了盗贼之间的信任，分化了他们彼此合作的基础。在这种形势下会出现两种可能：一是所有的盗贼结盟，共同抵制官府的悬赏诱惑。但是，每一个结盟的盗贼都无法确认同伙是否也能和自己一样遵守游戏规则；二是盗贼争相选择把同伙献给官府，这样既可以免罪自保，又可以获得赏钱。

只要盗贼是理性的，两相比较，就会知道第二种选择对自己更有利。而人的天性都是自私的，于是盗贼们就陷入了一种危险境地——谁不小心或下手太慢，谁就有可能成为牺牲品，被同伙出卖，由此形成了互斗的局面。一旦信任基础出现问题，背叛很快就来了。

在二手车市场上，卖家显然比买家拥有更多的信息，两者之间的信息是非对称的。经销商或原车主知道自己的车是好车或坏车，但买方在交易前很难分辨出车的好坏。因此，无论自己手中的车是好是坏，聪明的卖方都会宣称自己的车是“好车”。

现在假设市场上每100辆二手车中有50辆是质量较好的，另50辆是质量较差的；质量较好的车的价值是30万元，质量较差的价值是10万元。尽管市场中实际上有一半是坏车，但卖方必然都声称自己的车是好车。而消费者知道自己买的车有一半概率是好车一半概率是坏车，所以他最高只愿出价20万元。

如此，一辆价值30万元的好车只能卖到20万元，一些卖家就开始惜售，宁愿留下自用，也不愿忍痛割爱，因此好车逐渐退出市场。当部分好车退出市场后，市场中好、坏车的比例开始下降，消费者的心理价格也随之下降，这就迫使更多的好车卖家退出市场，形成恶性循环。到最后，市场中只剩下坏车在交易。

这种因为买卖双方有一方信息不完全而形成的市场无效率性，在经济学中叫作“柠檬市场”。现代社会，信息无处不在，由于双方背景信息不一致而导致的笑话层出不穷。

有一位博士被分到一家研究所，成为研究所中学历最高的一个人。有一天他到单位后面的小池塘去钓鱼，正好正副所长在他的一左一右，也在钓鱼。不一会儿，正所长放下钓竿，伸伸懒腰，“蹭蹭蹭”从水面上如飞地走到池塘对面上厕所。博士眼睛瞪得都快掉下来了。水上漂？不会吧？这可是一个池塘啊。正所长上完厕所回来的时候，同样也是“蹭蹭蹭”地从水上漂回来了。怎么回事？博士生非常好奇，却又不敢去问。

过了一阵，副所长也站起来，“蹭蹭蹭”地飘过水面上厕所。这下子博士更是差点昏倒，这是什么原理？

又一会儿过后，博士生也内急了。这个池塘两边有围墙，要到对面厕所非得绕十分钟的路，而回单位上又太远，怎么办？博士生也不愿意去问两位所长，憋了一会儿后，也起身往水里跨，只听“咚”的一声，博士生栽到了水里。

两位所长将他拉了出来，问他为什么要下水，他问：“为什么你们可以走过去呢？”

两位所长相视一笑：“这池塘里有两排木桩子，由于这两天下雨涨水正好在水面下。我们都知道这木桩的位置，所以可以踩着桩子过去。你怎么不问一声呢？”

信息始终是处于动态变化当中的，在上义的故事中，博士学历的年轻人相比于本科学历的两位所长，在教育系统得来的信息经验上的确是处于信息强势状态。但是，在研究所的信息经验上却是相反，是处于绝对的信息弱势状态。博士生正是没有认识到这一点，始终抱着面子不放，所以才做出了错误的策略选择，最终落入水中，狼狈不堪。

6.2 论证的前提正确吗

前面我们已经说过，一个三段论的论证，或者任何一个论证，如果想要得到正确的结论，必须达到两个基本的要求：一是必须有正确的内容，二是必须有合理的结构。正确的内容取决于作为前提的命题真实与否。

无疑，前提必须是真实的，只有有心欺骗的人才会刻意给出虚假的前提。但是要警惕，不是所有的时候正确与错误都可以一眼看穿。一个前提或许是恰好正确，却不是完全正确。如果你对论证中要使用的证据有任何怀疑，在使用前，请重新检查它。这对得到事实真相有很大的影响。单个命题中包含的几个主张必须都是真实的，不能仅仅是部分真实。

如果你在自己的演讲中提到“去年中国的商品出口总额达到了三十亿”，然后有个具有强烈实证精神的记者去查数据发现，去年中国的商品出口总额根本不是三十亿，那么你的整个演讲都将受到质疑。如果结构合理，但是内容不合理，会产生什么样的后果呢？让我们来看下面这个例子：

每只猫都有三条腿。

所有折耳猫都是猫。

所以，所有折耳猫都有三条腿。

如果我们从一个错误的前提出发，一个有效的论证也只能给我们带来错误的结论，所谓“失之毫厘，谬以千里”。再合理的结构也不能带给具有错误前提的论证新生。这就好像是一辆做工完美但是汽油箱内却注满了水的汽车。没有汽油，再好的汽车也别想发动。所以，仅靠结构合理还不足以得到正确的结论。

音乐家是演奏音乐的人。

老刘是个音乐家。

所以，老刘是演奏音乐的人。

“音乐家是演奏音乐的人”，这是个千真万确的命题。用这样的命题做前提，我们可以得出正确的论证。

音乐家都是杰出的人。

老刘是音乐家。

所以，老刘是位杰出的人。

这个命题不是关于事实而是关于价值的，它反映了提出命题的人的观点，这样的命题同样可以作为论证的前提。但是，我们能给上例中以价值命题为前提的论证多少可信度呢？不会很多，我想大家都会同意。注意“杰出的”这个词语的模糊性，这意味着什么呢？这意味着以价值命题为前提的论断，永远不能像以事实为前提的论断那样，有确定的评判标准，因为价值的评估永远会受到挑战。

但是，也并非所有的价值命题都不稳定。评判价值命题稳定性的标准，是要看它与建立起它的客观事物的关联程度。价值命题所依附的客观事物越是广阔坚固，它本身就越可靠。例如，大家都会很期待某个领域内的专家做出的判断，当然，这些判断必须是他们所擅长的领域之内的。

罗素认为，从一个错误的前提出发，一定会推导出一个荒唐的结论。别人问他：“既然如此，你就从‘3=2’这个错误的前提出发，证明你就是教皇吧。”于是罗素证明道：“假如‘3=2’这个前提是正确的话，那么这个等式两边各减去1，等式仍然成立，即变成2=1。如果把2=1这个等式两边的数字符号，置换成人的话，就变成了这样的结果：我＋教皇＝一体。我和教皇是一体的，因此我就是教皇。”

以上的逻辑推导过程可以说是无懈可击的，但这个结论显然是错误的。那么错在哪呢？毫无疑问，错在前提。如果一个结论的逻辑前提是错误的，它的推导过程无论多么的精细，其结果都必错无疑。

前提错误，能推导出一个正确的结论吗？在逻辑推理中，前提的真实性对结论有直接影响。如果前提是真实的，那么任何一个被有效推导出来的结论也必然是真实的。这是演绎论证的基本特征。不过，我们也有可能从一个错误的前提中推出正确的结论来。

所有的哺乳动物都不会飞，猪是哺乳动物，所以猪也不会飞。

我们看到，“猪不会飞”这个结论显然与我们观察到的情况是一致的。但是“所有的哺乳动物都不会飞”这个前提却不够准确，因为蝙蝠就是会飞的哺乳动物。

我们再看一个例子，假设现在的时间是“上午九点整”，那么说现在的时间是“晚上九点整”就是错的。但是，从这个错误的说法出发，我们却可以得到“现在不是下午”、“现在可能是上班时间”等许多正确的结论。由此可见，正确的结论不一定表明各个前提的正确，正确的结论有可能来自错误的前提。总之，前提不正确的论证，其结论可能是真也可能是假，没有任何逻辑说服力。

今天我们来翻历史的旧账，经常会发现由于错误的前提而推导出来的荒谬结论。比如希特勒法西斯主义认为：凡是犹太人都是种姓败劣的民族，凡是雅利安人都是种姓优越的民族。结果导致德国法西斯主义对犹太人的灭绝性屠杀。试想，有哪个民族、哪一部分人是绝对地、全方位地、永恒地占据优势的？再者说，又有谁能够以一部分人的名义剥夺另一部分人的生存权利？

近来，各大报纸都在讨论城市里出现的乞丐问题，这的确是一个令人头痛的问题。你想啊，繁华的城市闹市区横倒着几个乞丐，那形象从何谈起？政绩汇报中罗列了那么多的财富数字，而治下的子民竟然食不果腹，岂不是很大的讽刺？我们现代化的城市本来是充满阳光的，怎么能容忍这角落里的阴暗与肮脏？于是，有人想出了禁讨策略，在城市里划出了禁讨范围。还有一些人，在报纸上撰文，义正词严地告诫路人，不要向乞讨者施舍，因为这会惯坏了他们，让他们只知道坐享其成，不劳而获，并宣称：其实那些乞丐中的不少人是职业乞丐，已经富得很了。

以上说辞类似罗素列举的“错误的前提”，即“乞讨者是另类的人，是不配与其他境遇良好的社会成员共享社会权益的人”，由此错误前提推导出的所谓“结论”就是“对于他们，我们除了蔑视之外还要加以限制”。没有人会否认，乞讨者是社会的弱势群体，构成乞讨者队伍的不外乎两种人：农民和城市流浪者。而立法者当中，不会有来自他们阶层的人。因此对乞讨者制定的所谓制度，我们应当做必要的分析。

另外，可能一个命题完全正确，但是由于表达方式导致不能被听众轻易地接受，也就是说，合适清晰的语言非常重要。例如你想告诉一个老奶奶你是自由职业者，你说:“我是 soho 一族。”很可能她根本不明白你在说什么。

如果某物的正确性不经过推理就可以确定，那么它本身无可厚非。为了推理过程的进行，我们必须假设一些事情是真的。如果推理成功，往往可以证明我们事先假设为真的事物确实为真。

评判假设的一个基本标准：命题不能违反矛盾律。换句话说，它不能自相矛盾。但是，假设必须要小心谨慎，虚假假设被证明是假的是因为事实完全与之对立。如果一个论证以一个错误的假设开始，那么它可能以一个错误的结论结束。

还有另外一种对论证起反作用的虚假假设，只是其作用方式不是那么直接。在论证中，如果你假设听众在某方面具备相应的知识，但实际上没有，那么他们接受你结论的能力将明显地降低了。因此，尽量少用假设的手法。

像我们这么大的一个公司，如果没有强硬的领导，必然四分五裂，一事无成。

这是一种以未知的可怕将来作为恫吓的宣传手法。它以人们目前无法得知未来会发生的结果，来论证自己现在的做法是正确的。

“歪理”是不真的话语，是虚假的。假话有三种不同的颜色：“黑”、“白”、“灰”。黑色假话是一种编造颠倒黑白的谎言；白色提供确实的信息来源，不过，它的目的仍然是故意混淆问题的实质；灰色是介于白和黑之间的宣传，它是一种“半真话”的谎话，它说的一小部分可能是真的，但故意不说或不让说的那一大半部分才是真正重要的内容。说黑色假话的已经不多见了，但不说黑色假话并不就等于说真话。事实上，假话者的精明和辩才往往表现在既不直接说谎，也不说真话，也就是说介于“白”或“灰”之间的假话。有心的读者不妨对这些例子自行增减、灵活调整、重新组合整理，只要举一反三，就会对认识歪理有所助益。

假如你遇到某人说出一个荒谬的论题，正面否定又似乎缺少反驳力，这时你不妨先假装肯定它，然后沿着他的错误论调推下去，推出一个连对方自己也不能接受的荒谬结论，那么对方的那个谬论就不攻自破了，这种方法属于幽默的将错就错法，即用对方的错误前提推导出一个荒唐的结论。

有一个穷人找到阿凡提说：“咱们穷人真难啊！昨天我在巴依开的一家饭馆门口站了一会儿，巴依说我闻了他饭馆里饭菜的香味，叫我付钱，我当然不给。他就到法官前告了我。法官决定今天判决，你能帮我说几句公道话吗？”

“行，行！”阿凡提一口答应下来，就陪着穷人去见法官。

巴依早就到了，正和喀孜法官谈得高兴。法官一看见穷人来了，不由分说地骂道：“真不要脸！你闻了巴依饭菜的香气，怎么敢不付钱！快把饭钱算给巴依！”

“慢着，法官！”阿凡提走上前来，行了个礼，说道，“这人是我的兄长，他没有钱，饭钱由我付给巴依好了。”

阿凡提一边说一边从腰里掏出一个装铜钱的小口袋，举到巴依耳朵旁边摇了几摇，一边问巴依："巴依，你听见口袋里响亮的声音了吗？"

"什么？哦，听到了！听到了！"巴依说。

"好，他闻了你饭菜的香气，你听到了我的钱的声音，咱们的账算清了。"

阿凡提说完，拉着穷人的手，大摇大摆地走了。

闻到了饭菜的香味就等于吃了饭菜，因而要付钱，这就是巴依敲诈穷人的诡辩术。诡辩手法是故意把客观事物和事物的某一方面属性混为一谈。从概念上看，就是把"闻"和"吃"混为一谈，用"闻"的概念偷换了"吃"的概念。阿凡提不是正面地去辩解事物和它的属性以及"闻"和"吃"的不同，而是先让对方听到他口袋里铜钱的声音，然后说明已经付清了饭钱，这叫以毒攻毒。既然你认为闻到了饭菜的香味就等于吃了饭菜，那么也必须承认听到了钱的声音就等于拿到了钱。这就巧妙地揭穿了对方的诡辩术，使之理屈词穷，无言以对。

宋朝时有一位假道学家，整天到处宣扬不可杀生论，要求人们凡事忍耐，慈悲为怀。他的理由是：人杀了什么，下辈子就会投胎成什么，比如杀了一只牛或者一只猪，来世就会变成牛或猪。

一位旁观者对他说道："你说的真是千真万确，的确如此。所以我们为了让自己的来生再变成人，最好是生前杀死一个人。"

这位假道学家听了后哑口无言，狼狈而去。

上例中的那位旁观者对假道学家的错误结论并没有从正面辩驳，而是避开锋芒，沿着错误的前提推出了"为了让自己来生再变成人，最好是生前杀死一个人"的荒谬推论，从而迫使对方逃之夭夭。

三国时，刘备入主蜀地。为整顿社会治安，严肃法纪，下令禁止私自酿酒、喝酒，并且规定凡带有酒具者皆杀。百姓对前者尚能接受，但对后者颇有微词。一日，大臣简雍陪伴刘备登楼巡视时，看到一个少年与妇人同行，便对刘备说："那两人想要行奸事，何不将他们抓起来呢？"

刘备一时不解，问："你凭啥知道？"

简雍回答说："彼有淫具，何故不知？"

刘备这才明白他的真实意图，乃大笑。不久之后，禁酒的法令有了明显的减缓。

故事中的简雍可谓聪明至极，面对刘备过于严苛的禁酒令，他没有从正面去争论是非，而是有意避其锋芒，将错就错，以幽默方法令刘备明白自己禁酒过于苛刻是错误做法，这便是简雍的聪明之处。

这种引申出来的谬论，要求越荒谬越好，越荒谬幽默色彩越强烈。

一场可怕的暴风雨过去后，一位大腹便便的暴发户对旁边的哲学家阿里斯庇普说道："刚才我一点也没害怕，而你却吓得脸色苍白。你还是个哲学家呢，真不可思议。"

阿里斯庇普回答道："这并不奇怪，我害怕，是因为想到希腊即将失去一位像我这样的哲学家。但是，你有什么可担忧的呢？你如果淹死了，希腊最多也不过是损失了一个白痴！"

故事中，阿里斯庇普没有否认自己的害怕，他的聪明之处是在暴发户结论的基础上另辟蹊径，为暴发户的结论做出了一个更加幽默的解释，从而将暴发户推上了不打自败的境地。这种方法从表面上来看是荒谬的，但实际上是智慧的转化，往往能够谬中求胜。从这一点来看，它一点也不荒谬，而且处处闪耀着智慧的灵光。

有一个人特爱吹牛，一天他说："我见过一面大鼓，正月初一敲一槌，能一直响到八月十五，你们猜猜，这鼓有多大？"

另一个人也喜欢吹牛，就说道："你这不算什么。我见过一大木盆，黄河水流到里面，流了九九八十一天，只流了半盆。据说曹操的80万大军在里面洗澡，谁也没碰到谁。"

旁边一白胡子老汉听后说道："你俩这都不算大。我养过一头牛，牛嘴在长江喝水，尾巴在蒙古乘凉，一口啃了300亩庄稼。我拿着根竹竿赶牛，不小心把天戳了个大窟窿。玉皇大帝很不高兴，派天兵天将来捉我呢。"

前面吹牛的两个人都说不相信，白胡子老汉笑道："你们不相信？那么，哪有这么大的牛皮来做你的大鼓，这么长的竹子破成长长的篾子做成大箍，箍你那么大的盆呢？"

这也是一个以谬对谬的幽默，面对他人的言论不加反驳，而是增加了荒谬的程度，等到对方质疑时，再运用模拟推理否定对方。生活中，面对侃侃而谈、漫无边际的人，我们也不妨以谬对谬，肯定会收到意想不到的"笑"果。

6.3 论据充分吗

我们都知道，一个论证背后的基本目的是证明一个论点。论证者的任务就是要提供可以证明结论的确凿证据。所以，窃取论题谬误是一个非常致命的错误，因为它试图避过整个论证的过程。犯这种错误的论述，表面上看是一个论证，但实际上不是。

造成这种谬误的原因是缺乏真实前提为结论提供充足的支持。这种谬误的重要标志是：把有待证明的观点当作不证自明的前提条件。来看如下例子：

因为小王在撒谎，

所以，小王是个骗子。

乍看过去，这似乎是个正确的论证，结论分明，第一个命题是第二个的前提。但是，如果我们观察第一个命题的内容，就会发现，它本身就是对结论的重复，只是换了个说法。两个命题只是表达方式不同，没有内容上的差别。所以，这是个窃取论题谬误，前提没有为结论提供任何实质性的证明。我们来看一个更复杂的例子：

所有在屋里的人都是男的。

老陈在屋里。

所以，老陈是男的。

表面看来，这个论述的结论是想证明某些东西是正确的，但实际上并非如此。第一个命题具有所有大前提的标志，但是它的正确性是以结论的正确性为前提的。

窃取论题谬误的另一种叫法是循环论证，有时也称恶性循环。这一谬误的要点如下：首先，命题 A 被作为另一个命题 B 的前提条件；然后，过程被反过来，最初的前提 A 现在变为结论，而最初的结论 B 则变为前提。我们来看下面的论证：

因为人的命运是注定的，所以人是没有自由意志的。

然后，出现了这样的论证：

根据人没有自由意志的事实，所以人的行为是被命运注定的。

如果这两个论证前后相连地放在一起，它们的循环性就会很容易被看出。所以夹杂在它们中间的很多内容是故意放进去的，以便将其岔开，当读者在读到第二个论证的时候，已经忘记了第一个论证的内容。

有些时候我们找不出强有力的证据对一个论证进行反驳，但这并不能说明对方的论证就是真的。也不能因为对方不能证明自己是错的，就说自己的观点是对的。我们来看如下例子：

甲：人类并不是宇宙中唯一的智慧生物。我坚持认为在广阔的宇宙中有其他文明的存在。

乙：你有证据吗？

甲：我没有，你有证据可以证明宇宙中不存在其他文明吗？

乙：我也没有证据。

甲：所以这就证明我是正确的。

甲试图过早地结束一个还没有定论的问题。虽然双方都没有证据来证明宇宙中是否有其他的文明，但是对方缺乏证据并不能成为己方观点成立的证据。

没有充分论据的结论往往会成为宣传方法。勒庞对此做出了总结：给大众洗脑，并彻底控制大众的宣传方法主要有断言、重复和传播这三种。

断言：做出简洁有力的断言，不理睬任何推理和证据，是让某种观念进入群众头脑最可靠的办法之一。一个断言越是简单明了，证据看上去越贫乏，它就越有威力。一切时代的宗教书和各种法典，总是诉诸简单的断言。号召人们起来捍卫某项政治事业的政客，利用广告手段推销产品的商人，全都深知断言的价值。

这种宣传往往用一些高调、抽象，普通人无法用经验来证实的“知识”愚弄和欺骗听众。

中国面对危机，我们各个阶层是没有区别的，哪怕牺牲本单位的局部利益都要救市来应对危机。西方国家就很难，华尔街的金融企业家有想法，下层人员有自己的想法；政治家也是多元化的，有各种不同的想法，所以根本利益是有差别的。我们在根本利益一致的基础上，矛盾协调起来方便，所以我们的民主政治效率比较高，不仅经济有效率，政治也有效率。

看了上述这段话会被说服的人，肯定对国内的贫富悬殊和利益冲突一无所知，必然会变成一个盲目的跟随者。

重复：如果没有不断地重复断言（尽可能地措辞不变），它不会产生真正的影响。拿破仑曾经说过，极为重要的修辞法只有一个，那就是重复。得到断言的事情，是通过不断重复才在头脑中生根的，并且这种方式最终能够使人把它当作得到证实的真理接受下来。

传播：如果一个断言得到了有效的重复，在这种重复中再也不存在异议，此时就会形成所谓的流行意见，强大的传播过程于此启动。各种观念、感情、情绪和信念，在群众中像病菌一样具有强大的传染力。

有断言、重复和传播，便有人云亦云、人信亦信的“真理”。很多政治性的缺乏充分论证的命题，都是通过断言、重复和传播变成了人们心中的“真理”的。

> 美国文化是建立在个人主义和个人中心论上的，美国的媒体都操控在大财团手里，哪里能有独立的舆论？！

相信这样论断的人肯定不知道美国也有重视家庭、社区、社会的人，也有关心社会正义和弱者权利、福利的人。当然也不知道美国有许多不同形式的独立媒体。

有时候，人们利用暗示和联想，把表面真实的现象转化为实质虚假的意义引申。

> 有家公司的老板总是穿便宜的衣服，所以其他公司的员工都认为他是个一心为公司的好老板。哪怕实际上这家公司员工经常加班到深夜，但因为老板坚持朴素的生活作风，前来应聘的人还是络绎不绝。

值得注意的是，传播在作用于广大群众之后，也会扩散到社会的上层。传播的威力是如此巨大，在它的作用下，原本懂点逻辑的人的思考意识也会消失得无影无踪。得到群众接受的每一种观念，最终会以其强大的力量在社会的上层扎根，不管获胜意见的荒谬性是多么显而易见。就接受宣传而言，文盲和教授有时候并没有什么不同。

从前，有四个盲人很想知道大象是什么样子，可他们看不见，只好用手摸。胖盲人先摸到了大象的牙齿。他就说："我知道了，大象就像一个又大、又粗、又光滑的大萝卜。"

高个子盲人摸到的是大象的耳朵。"不对，不对，大象明明是一把大蒲扇嘛！"

矮个子盲人摸到了大象的腿，大叫道："你们净瞎说，大象只是根大柱子。"

而那位年老的盲人却嘟囔："唉，大象哪有那么大，它只不过是一根草绳。"

四个盲人争吵不休，都说自己摸到的才是真正大象的样子。而实际上呢？他们一个也没说对。

这是个很古老的故事，也是成语"盲人摸象"的来源。这个故事表达了我们在使用片面的论据论证问题时，可能会出现的可笑结果。《警世通言》中有一个讲王安石和苏东坡的小故事：

一天，苏东坡去看望宰相王安石，恰好王安石出去了。苏东坡在王安石的书桌上看到了一首咏菊诗的草稿，才写了开头两句："西风昨夜过园林，吹落黄花满地金。"

苏东坡想："西风"就是秋风，"黄花"就是菊花。菊花最能耐寒，敢与秋霜斗，怎么会被秋风吹落呢？说西风"吹落黄花满地金"是大错特错了。

这个平素恃才傲物、目中无人的翰林学士，也不管王安石是他的前辈和上级，就提起笔来，续了两句诗："秋花不比春花落，说与诗人仔细吟。"

王安石回来看了这两句诗，心里很不满意。后来他就把苏东坡贬为黄州团练副使。苏东坡在黄州任职近一年，到了九月重阳，这一天大风刚停，苏东坡邀请好友陈季常到后园赏菊，只见菊花纷纷落瓣，满地铺金。这时，他想起给王安石续诗的往事，才知道原来是自己错了。

苏东坡平时看到的菊花，大多是枯萎且不会落瓣的。他不知道：事物性质的变化是随着时空的变化而变化的，植物的特性、生长过程、花开花落，也会跟当地泥土、阳光、气候等条件有密切的关系。因此，他就得出了“天下的菊花都是不会被秋风吹落的”这样一个一般性结论。他用这个判断来衡量王安石的咏菊诗，就认为王安石的诗写得不对。等他在黄州住了将近一年之后，才知道自己的结论是错误的。因为黄州的菊花，是会被秋风吹落的。出现了这个反例，苏东坡通过简单枚举归纳法得出的一般性结论，也就不能成立了。

从归纳推理的角度来说，苏东坡的续诗犯的是轻率概括、以偏概全的错误。“以偏概全”是归纳推理过程中容易出现的一种逻辑错误。所谓“以偏概全”是指根据少数的个别事实，推出一般性的结论，并且把这个结论看作是必然的无可置疑的论断，把个别的一时的现象当作普遍的和永恒的。

巧言令色，鲜矣仁。

此话虽然适用于很多人，但并不是放之四海而皆准。如若这样，很多靠口才谋生的职业都成“不仁”的人了，比如销售员、解说员、政治家等。

国家将兴，必有祯祥；国家将亡，必有妖孽。

此话不知根据什么归纳而来。要让它成立，首先得定义何谓“祯祥”，而何谓“妖孽”。孔子晚年，有人打到了麒麟，据说那是祯祥的象征，可是孔子却吓得从此绝笔，不久便死了。

凡事预则立，不预则废。

这句话也适用于大多数情况，但错就错在那个“凡”字上。有些事情我们不做什么安排也可以顺顺当当地做完，相反，像科研实验等事情，就是事先计划得非常周密，也可能不成功。

像这些归纳的例子，在传统书籍中比比皆是。这种归纳总结的例子是需要尽快破除的，否则就会给社会带来不少的危害。

诸矛盾中必有一个是主要矛盾，解决了这个主要矛盾，一切问题便迎刃而解了。

办事有轻重缓急，此论证为一种策略尚有参考价值，但就算解决了急事、大事，也不能保证缓事、小事可以顺利解决。例如某人现在有吃饭和写文章这两件事要做。如果他饿得眼冒金星，文章显然是写不出来的，所以必须先去吃饭。然而食物只提供能量，并不提供灵感。“吃饭”和“写文章”这两个“矛盾”在本质上毫无联系。

生活是万花筒，生活是丰富多彩的。相同相似的现象，也许反映不同的本质；不同的现象，或许反映相同的本质。在生活中常常遇到这些问题，我们应当实事求是，深入地分析过程，不能简单推理，更不能主观武断，凡事都应该好好想想，千万不能被事物的表面现象所蒙蔽。

6.4 知识的用处

侦探小说《福尔摩斯》中有这样一句话：“我不需要记住太阳是从东边升起还是西边升起的，如果脑子里记得了这些，一定要把它们忘掉，以免占用脑子的空间”。福尔摩斯是逻辑推理大师，虽然是虚构的。他说的话是不是指知识在逻辑中没什么用呢？

你在操场上寻找自己丢失的钱包。如果你完全不知道钱包可能在哪儿，你就需要搜寻整个操场；如果你通过对自己在操场上的活动范围分析，判断钱包应该在旗杆周围，你所需要搜寻的范围就大大减少了；而如果你的判断是错的，你就无端浪费了大量的时间。

逻辑的意义在于发现真相。在被发现之前，事物真相存在的确定地点我们是不知道的，所以我们一定要预先解放自己的思想，探寻真相存在的各种可能性。这就是福尔摩斯这句话的本意。然而知识并不会限制我们的搜寻范围，相反的，拥有越多知识的人，他的眼界也会越宽广。福尔摩斯宣称自己不需要记住太阳从哪边升起来，这是因为他掌握了更深层的知识，能以此推理出“太阳从东边升起”的结论。

一个眼界狭窄的人，他拒绝某些选择仅仅是因为这些选择偏离了他的预先设想，所以他认为不值得去探寻。这种限制缺乏理性的基础，削弱了推理过程的有效性。但有些时候，过于开放、接受一切的态度在理性思维上可能会错得更离谱。开放的思想就像是张开的嘴，最终会在某事上封闭。合理的开放并不意味着在任何事情上都无原则地接受。推卸应该承担的责任是道德沦丧，而忍受所有则会使一切都变得没有意义。从纯实践的观点来看，探寻真相的过程要求我们合理地设定研究范围，以便节省时间和精力。

人与人的眼界是不同的，而这不同的眼界注定了人不同的命运。

> 三国的袁术固然有很深的心机，但却只看到了弹丸之利，贸然自尊为帝，使得众叛亲离，天下豪杰群起而攻之。袁术的失败正是因为他的眼界只局限于中原，浮于表面。他没有放眼天下，着眼隐患，终究只得惨死。再看拿破仑。他作为法国王族的炮军司令，却在认清时代潮流后，毅然炮轰封建残余，因而踏上了前无古人的权力巅峰。

“江海不与坎井争其清，雷霆不与乌雀争其声。”这就是说，眼界的大小取决于人成就的高低。江海之所以浩瀚无际，雷霆之所以引动暴雨，都在于它们知其当为，眼界开阔。没有广远的目光，再有本事的人也会平庸而无所作为；但同样，倘若能力有限，眼界即使宽广，也可能会找不到那隐于无形的通往璀璨的路。人既不能困于一隅，注目于一角，也不能自高自大，妄图以己之力登得九霄凌云，只有先着眼于自己的实力，再放眼前方的道路，才可能走出平坦人生，可能走出辉煌人生。

思维敏捷，思路清晰，来自于丰富的知识结构。你掌握的知识越多，讲话的时候思维就会越活跃，越敏捷。因为各种知识会使你触类旁通，毫无思维阻塞的感觉。因此，博览群书，扩大知识面，增加自己的知识量，是扩展自己眼界的最好方法。

6.5 权威、经典与常识

有些人喜欢引用“权威”、“经典”和“常识”来作为自己论证的论据。但这样的论据真的可靠吗？下面我们逐一分析。

（1）以权威为论据。

所谓“权威”是指某个特定领域的专家所持的观点。在论证中，去向相关领域的专家请教是合情合理的做法。但在向专家请教时，一定要保持警惕。我们来看以下论证：

> 陈教授说“这个项目很好”。
>
> 王教授说“这个项目很好”。
>
> 黄教授说“这个项目很好”。
>
> 所以，我们应该接受这个项目。

假设这三个教授都是这个项目相关领域的真正专家，他们的资质和项目是相关的。可是我们更深入地想一下，没有任何一个教授告诉我们为什么他会认为这个项目是好的。没有给出教授的论证，而只列出他们的观点，就试图说服人接受这个项目。占据主导地位的应该是论证本身，而不是专家的话，这个论证远远不能让人信服。专家的意见要结合他秉持这种意见的理由，只有在这种情况下，我们得到的才不仅仅是他的意见。

我们要检验自己的主张是否与事实相符，在论证中所用的专家意见就要经过检验。这个世界上有太多自以为是的专家。检验的标准不是他们在说什么，而是他们是如何通过论证来得到他们所说的。

专家只有在其已经建立威信的领域做出的主张，才是值得我们关注的。一个仅仅因为音乐成就而闻名于世的音乐家就经济或是全球变暖问题所提的观点是没有权威性的。实际上，就算是专家在自己的领域内也不可避免地会出错。

卢瑟福是英国著名的原子核物理学家，因对元素衰变的研究获得1908年诺贝尔化学奖。他声望甚高，与牛顿和法拉第齐名。在教学上，他领导和培育了现代物理学家，在他的指导下，他的学生查德威克因发现了中子而获得1935年的诺贝尔物理学奖。

卢瑟福对科学最重要的贡献是证实放射性元素的衰变和原子的核式结构，并首次实现元素的人工转变。他基于金箔对 α 粒子的散射实验中 α 粒子以大角度被散射的实验事实，而提出原子有一个带正电荷的核心。这个核心几乎集中了原子的全部质量，而质量非常小的电子在原子核外面围绕原子核而旋转，这就是原子的核式结构。

卢瑟福是原子能时代的开创者，是原子能科学的奠基人。但卢瑟福本人直到逝世却始终认为人类在任何时候都不能利用原子核中蕴藏的能量。1933年秋，卢瑟福在英国皇家学会年会上的发言中指出，凡是谈论大规模地取得原子能的人，都是胡说八道。

历史并没有因卢瑟福的预言而停止了自己的脚步，1932年，卢瑟福的学生查德威克发现了中子，1938年，哈恩发现在中子轰击铀核时，铀核产生裂变放出能量的同时，会放出两到三个中子，这些中子继续使铀核产生裂变，于是形成链式反应。

任何科学技术的新成就，都首先用在军事上，然后用在民用上。经过20世纪30年代各国科学家的大量实验研究，美国在40年代初建造了原子反应堆，在第二次世界大战期间，通过曼哈顿工程，制造了三颗原子弹，一颗用于试验，另两颗用于战争。“二战”结束后，原子能成为一种代替化石燃料的新能源，蓬勃地发展起来。

原子弹是人类社会的一个悲剧，但两颗原子弹客观上促使日本宣布无条件投降，也避免了美军进攻日本。这是卢瑟福不能想象的。

战后，美国、苏联、法国等纷纷建成了原子能电站，为人类提供不产生温室效应的清洁能源。第二次世界大战以后，人类真正进入了和平利用原子能的时代。但是，原子能时代的开创者、原子能科学奠基人卢瑟福，直到逝世却始终认为人类在任何时候都不能利用蕴藏在原子核中的能量。

（2）以经典为论据。

以“经典”作为论据甚至是论点的来源是常见的思维方式。这种论证风格在中国的古代非常流行，以至于文章中没有引用经典就不能称为文章。老子没有“经典”可引用，便捏造个“古之圣人”出来。到了庄子，便虚构了一个“仲尼”，一会儿把他当神灵附身的巫师，借他的口来假传圣旨，一会儿又把他当批判嘲笑的对象。孔子则假托文王周公，孟子又离不开孔子。到了后世，读书人全部只能“代圣贤立言”，就连闲情逸致的诗文歌赋，也塞满了典故。实际上，经典也是权威的一种表现方式，在使用时必须清楚其论证的过程。

经典的另一种表现形式是套话，是一种动嘴不动脑的说话方式。并非所有的词语和套话都有唤起形象的力量，有些词语在一段时间里有这种力量，但在使用过程中也会逐渐减弱，不会再让头脑产生任何反应。这时它们就变成了空话，其主要作用是让使用者免去思考的义务。用我们年轻时学到的少量套话和常识把自己武装起来，我们便拥有了应付生活所需要的一切，再也不必对任何事情进行思考。

僵化、程式化的宣传语言发展出一整套能适用于各种正式场合的套话，报道时事、攻击敌人、表扬先进、检讨错误、开场白、祝贺词等。即使是在非正式场合，那一套语言依然阴魂不散。套话使人在不思考的状态下照样可以滔滔不绝。

“传统”也是经典的一种表现形式。所谓“传统”，是历代沿袭下来的，已经建立的处理事情的一种方式。作为一个整体来说，可以被视为一套日积月累的先例总和。好的传统是值得继承并发扬光大的，如果它与当下的条件相符合的话。但是“以前事情都是这样处理”的事实，并不能成为强制后来者遵循老方法的充分理由。到底采取什么方法完全取决于目前的实际情况。习惯对我们的生活产生重大影响，如果不分析实际是否值得就遵循习惯做事，我们就会成为习惯的奴隶。在评价给定的实践时，我们关注的焦点应该是实践本身，而不是它的历史。

对于传统，我们还可能犯另一种相反的错误。如果将历史悠久作为坚持传统的唯一原因是不合逻辑的，那么将历史悠久作为拒绝传统的唯一理由同样也不合逻辑。这种错误背后所反映的态度是某些新新人类所坚持的，他们认为只有新的才是有价值的，只有变化才是唯一永恒的。经验不会因为它背后的历史而变得一无是处。实际上，传统的生命力完全取决于它本身的价值。

科学家将5只猴子放在一个笼子里，笼子的一角挂上一串香蕉。本能驱使猴子们去拿香蕉吃，但每次当猴子要拿香蕉的时候科学家就向笼子内泼滚烫的热水，它们就不敢拿香蕉吃。几次以后，猴子们便不再去拿香蕉，本能驱使它们认为不吃香蕉就不会受到伤害。

科学家抽调出一只猴子并放进去一只新的猴子，新来的猴子受本能驱使去拿香蕉吃，这时科学家发现，不用等泼热水，剩下的4个猴子就会跑过去猛揍新来的猴子，打得新来的猴子死去活来，再也不敢去碰香蕉。

这时再抽调出原来的4个猴子里的一只猴子并放入一只新的猴子。新来的猴子受本能驱使去拿香蕉吃，这时加上上次来的猴子围攻上去，暴打新来的猴子，并且打得最凶最狠的是上一次来的那只猴子。

几次以后，第二个新来的猴子吃到了苦头，也就不再去碰香蕉。这时再抽调最开始剩下的三只猴子里的一只猴子放入一只新猴子，新来的猴子受本能驱使去拿香蕉吃，剩下的四只猴子又上来暴打一顿。而在这四只猴子里下手最狠的是第一次新来的和第二次新来的两个猴子，但按照分析看来，这两个猴子并不知道为什么要打新来的猴子，只是心里的观念发生改变：吃香蕉的猴子就要挨打，不能去吃香蕉。于是在这种状态下，这两只猴子的心理已经发生了改变。

慢慢的，最初的5只猴子全被换掉了，但还是没有猴子吃香蕉。最开始的猴子认为吃香蕉就要被开水烫，而第一次新来的和第二次新来的两个猴子认为吃香蕉是不对的，要挨打，而并不知道要被开水烫。于是乎一个观念就演变成了传统——吃香蕉就要挨打，香蕉是不能吃的。为什么不能吃？再没有猴子知道了。

很多传统就是这样产生的。原本产生特定传统的原因早已消失，但行为模式却作为传统流传下来。而在传统之下，其实是一种变态的心理。只要在这种变态的传统下生存，就永远不知道为什么要有这样的传统，即使换掉一万个猴子，也不会有猴子吃香蕉。如果有一天将世界上所有的猴子都换了，那么“猴子爱吃香蕉”这句话就会彻底从世界上消失，就像说老虎不吃蔬菜、猫狗不吃飞禽一样自然合理。老虎不吃蔬菜是因为它是肉食动物，本能驱使去吃肉，猫狗不吃飞禽是因为抓不着，但猴子不吃香蕉却是非常不合理的。

（3）以常识为论据。

逻辑思维的出现以及对非逻辑思维的避免，都根植于常识的某一面。常识是对日常生活中显而易见的事物的敏锐洞悉。它以可靠的辨别力为标志，以语言作为首要的揭示事物的方式，将语言的作用定位于表达而不是炫耀。常识更接近本源，服务于推理的基本原则。它是被亚里士多德定义的“理性的动物”所共享的普遍意识。当人们动脑筋工作时，逻辑是个伟大的工具。当人们进入冥想或者心不在焉时，意识不再发生作用。因为意识不是人本身——它就像人的手脚，仅仅是个工具。

但使用常识为论据时也需要先弄清常识背后的逻辑论证是否成立，因为并不是所有的“常识”都是正确的。

羊群效应是动物行为的一种现象，人类也无法避免这种心理，从众、跟风等心理就是其表现形式。羊群是一种很散乱的组织，平时在一起也是盲目地左冲右撞，一旦有一只头羊动起来，其他的羊也会不假思索地一哄而上，全然不顾前面可能有狼或者不远处有更好的草。

羊群效应一般出现在竞争非常激烈的行业，而且这个行业需要有一个领先者占据主要的注意力，这时，整个“羊群”就会不断模仿这个“领头羊”的一举一动，领头羊到哪里去“吃草”，其他的羊也去哪里。“羊群效应”告诉我们，人都有从众心理，这种心理很容易导致盲从，而盲从往往会陷入骗局或遭致失败。

法国科学家法布尔曾经做过一个松毛虫实验。他把若干松毛虫放在一只花盆的边缘，使其首尾相接成一圈，在花盆的不远处，又撒了一些松毛虫喜欢吃的松叶。松毛虫开始一个跟一个绕着花盆一圈又一圈地走。这一走就是七天七夜，饥饿劳累的松毛虫尽数死去。最可悲的是，只要其中任何一只稍微改变路线就能吃到嘴边的松叶。

动物如此，人并没有高明多少，正如前面我们所论述的那样，羊群效应之所以产生，是与人的理性选择分不开的。这是自然界的优选法则，在信息不对称和预期不确定的条件下，参考别人怎么做确实是风险比较低的。尤其这对于弱势群体的保护和成长是很有帮助的，羊群效应可以产生学习示范和聚集协同的作用。因此，羊群效应告诉我们，对“常识”等他人的信息不可全信也不可不信，凡事要有自己的判断。下面列一些常见的错误“常识”，看看你以前相信过其中的几条：

很多人患上感冒发烧以后，就会用冰凉的毛巾或者其他的东西冷敷额头，其实这种做法是错误的。想要退烧，就必须让血液的温度下降，但是额头上并没有相对比较粗的血管，无法有效达到退烧降温的效果。

需要注意的是，退烧的关键点是“让有粗血管的地方的温度降下来”，到底什么地方会比较有效呢？我们的注意视线可以放在脖子的两边、腋下等血管较粗的地方，在这些地方冰敷降温的效果会比额头更好。但这些地方往往神经比较发达，冰敷会有较大的刺激性。

菠菜让你强壮，就像大力水手那样。

这个“常识”来源于一个“事实”：菠菜的铁含量非常高。但实际上，菠菜的铁含量和其他蔬菜比并没有什么特别的。这个传闻来源于1870年的一个抄写错误，一个叫伍尔夫的医生不小心把菠菜含铁量的小数点放错了位置，使菠菜的铁含量变成了实际的10倍。

传言：咖啡能解酒。

酒精在体内的新陈代谢是一个恒定的速率，大约是每小时8克酒精，这是肝脏处理酒精的速度，没什么办法能让这个速度快一点。咖啡能做的就是让你进入一种很清醒的醉酒状态，就像洗个冷水澡会让你进入一种湿漉漉的醉酒状态一样。如果你喝醉了能够做的就是安下心来等着酒劲自然而然地过去。

仙人球能吸收电脑辐射。

首先“电脑辐射”这个词就是有问题的，这个词使人联想到“核辐射”等让人恐惧的事物。实际上，电脑或其他常用电器里电路运行产生的“辐射”都是电磁波，而且非常微弱，较之无处不在的电视信号和收音机信号还要弱很多。其次，改变电磁波运行方向的方法只有两种：从空气进入水体的传播介质变化；大质量的万有引力。很明显，除非仙人球是个黑洞，不然电磁波不会转弯被它吸收的。

在一个社会中，大多数人对某个给定的事物秉持同一个观点是个有趣的心理学现象。有些人认为，如果大多数人都认为某个命题是正确的，那么就可以得出结论说这个命题是正确的。实际上，一个命题是否正确和它是否符合客观事实有关，和有多少人认同无关。如果社会上大多数人认为白就是黑，黑就是白，这个社会就是黑白不分的。虽然某物是黑还是白不是主观的看法，而是客观的事实。然而我们必须承认，在情感方面，把一个命题有很多人认同作为论据是很有说服力的。许多历史事件也证明了，社会大多数人都黑白不分的时候，一个人要为坚持真理而站在大众的对立面是件多么艰难的事情。

6.6 科学等于正确

很多人对科学有个误解，认为“科学”就是“正确”。当称赞某一个东西时，我们经常说这个东西“很科学”，在这样的语境中，科学当然被我们假定它就等于正确。但是正确的东西不一定是科学，科学也不等于正确。前者很好理解：

明天要么下雨，要么不下雨。

这句话是完全正确的，但却和科学没什么关系。那么“科学不等于正确”怎么理解呢？比如牛顿力学是科学，但在高速和宏观下却不是正确的，需要使用爱因斯坦的相对论。爱因斯坦的相对论完全正确吗？在微观尺度下相对论无能为力，需要使用量子力学。此类例子不胜枚举。

什么是科学？科学，就是知识，是使我们对认识世界有帮助的知识。科学的发展，就是知识的增长。有助于知识增长的，就是科学，无助于知识增长的就是伪科学。在中世纪，神学家们热衷于探讨一个针尖上能站下几个天使、天堂的玫瑰有没有刺。这些都无助于人类知识的增长，是伪科学。

知识的增长，首先来源于猜想，并通过对猜想的探讨，推导出相应的定理、推论、印证方法，再经过具体的实验进行检验，通过不断地修正、改进，去伪存真，最后形成接近真理的科学知识。因此，无法推导、无法印证的东西，就不是真正的知识，或者不是真正有用的知识，是伪科学。

科学要容忍大胆的猜想，因为大胆地猜想是知识增长的第一步。不要一出来个新东西就斥为离经叛道，或抓住其中一个部分的问题，就全盘一棍子打死。科学的态度要欢迎他人批评，因为这种批评可以使我们发现不足，有利于改进知识与更新理论。科学的态度要敢于面对现实、勇于批判自我。一旦当一个理论，或其中的一部分，被实验证明是错误的，我们就应当有勇气将错误的部分修正、改进，而不能死抱住不放。确立了“科学的态度”，其他的问题就好办得多了。我们可以减少许多字面上的争议，将宝贵的时间放到真正有用的地方去。

因为科学是在不断发展进步的，进步的同时肯定就把前面的一些东西否定了，前面那些被否定的东西，今天就被认为是不正确的，或者说是不完善的。

以前人们认为地球是不动的，太阳和其他星星都围着地球转；后来我们认为是太阳不动，地球绕着太阳转；再后来我们知道太阳也在绕着银河系中心转，银河系本身也在高速运动。再比如人们一开始认为地球绕日运行的轨道是正圆形的，后来发现地球轨道不是圆周运动而是一个椭圆，再后来人们又知道椭圆也不是精确的椭圆，它还有很多摄动等。

由于科学还在发展，所以谁也不能保证今天的科学结论就是对客观世界的终极描述。以后科学还要继续发展，未来的结论中我们今天的部分认识可能又不对了，或者退化为一个特例，比如牛顿力学退化为相对论效应非常小的情况下的特例等。

旧的结论总是被新的结论取代，那么那些被取代的东西，它们是不是还算科学呢？科学不等于正确，只等于实证。科学研究的结论要么被证实要么被证伪。一个结论即便是被证实是错误的，只要它能被确实地证明，其研究过程就是科学研究。

“日心说”被证实后成了“真理”，而“地心说”被证伪成为了谬误，但日心说的提出与地心说的研究都是科学研究，并不能因为地心说是错误的，就认为有关“地心说”的一切都是不科学的。

再比如“吸烟有害健康，吸烟导致肺癌”的研究就被人们牢记并成为对烟瘾者的告诫之语。而实际这一科学研究只是一个相关性的研究而非因果性的研究，吸烟是不是得肺癌的直接原因答案是不确定的，严格讲这一科学研究的结论只能说吸烟多的人得肺癌的概率大。

所以说，科学研究要以科学的态度来对待，首先不要误解研究结果，其次不要迷信地认为科学的就是正确的。

“非科学”和“伪科学”不同。像哲学、美学、文学艺术等研究即为“非科学研究”。这些研究的任务更着重于问题的提出，而非获得结论。那是思想磨砺的过程，是启迪智慧的过程。

> 有些人认为被今天的科学结论取代了的旧结论就不再是科学，所以托勒密的天文学现在就不是科学，因为它不正确。但是如果遵循这种路径，那么哥白尼也不正确，也不是科学；牛顿也不正确，也不是科学。为了保证自己逻辑正确，一旦你宣称托勒密不是科学，你就必然宣称哥白尼、牛顿、开普勒、伽利略等都不是科学。那么科学还剩下什么？就算是今天的科学理论也从没有宣称过自己是绝对正确的。无数科学家不停地对这些科学理论进行实验检测，说不定何时就会有新的发现，对现有科学理论进行修正，甚至建立新理论。

所以我们当然要承认以前的东西是科学，我们判断一个东西是不是科学，主要不是看它的结论正确与否，而是看它所采用的方法和它在当时所能得到的印证。科学讲究实证，每个理论都有其适用范围，只要在这个范围内，理论能够经受观测的检验，就是科学的。北京大学的刘华杰教授指出：“正确对于科学既不充分也非必要”。这个说法是说有一些不正确的东西它是科学，还有一些肯定正确的东西它不是科学。

人们对科学的第二个误解是，认为科学技术能够解决一切问题。或者退一步说，只要有足够长的时间，科学技术就能解决一切问题。有些人承认今天还有一些科学没有解决的问题，但是认为它明天可以解决，如果明天它没有解决，那么后天它可以解决，后天它还不能解决，也没关系，它将来一定可以解决。这是一种信念，因为科学已经给我们带来了那么多物质上的成就，以至于很多人相信，只要有足够的时间，它就可以解决一切问题。这个说法也可以换一种表述：只要有足够长的时间，科学就可以解释这个世界上的一切。这和可以解决一切问题实际上是一样的。

归根到底，这只是一个唯科学主义的信念。这个信念本来是不可能得到印证的，实际也从来没有被印证过。但是更严重的问题是，这个信念是有害的。因为这个信念会将事情直接引导到某些荒谬的结论。

> 比如说已经被抛弃了的计划经济，就是这个信念的直接产物。计划经济说，人们可以知道社会的全部需求，还能知道社会的全部供给，通过科学计算需求和供给的关系，就能让社会的财富充分流动，既不过剩也不短缺。这是计划经济的理论基础，其结果当然我们都知道了，计划经济给我们带来的是贫困和落后。如今中国经济发展迅速，不是计划经济的结果，而是抛弃了计划经济的结果。

人们对科学还有一个误解，认为科学是至高无上的知识体系。这和科学能够解决一切问题的误解是类似的。它是建立在一个归纳推理上：因为科学已经取得了很多很多的成就，所以我们根据归纳相信它可以取得更多的成就，以至于无穷多。

哲学早已表明，归纳推理是一个在逻辑上无法得到证明的推理，尽管在日常生活中我们不得不使用它，但是我们知道它并不能提供一个完备的证明。因此，科学即使解决了很多的问题，在现有的阶段得分非常高，但这并不能保证它永远如此。况且这个得分的高低，涉及评分的标准，而其他知识体系的价值怎么评价，都是可以讨论的问题，并不是由谁宣布一个标准，大家就都要照着做。

那么，人们为什么会相信科学是至高无上的知识体系呢？除了类似于科学能解决一切问题这样的归纳推理之外，它还有一个道德上的问题。因为人们以前会把科学家描绘成道德高尚的人。他们只知道为人类奉献，他们自己都是生活清贫，克己奉公，他们身上集中着很多的美德。但是科学家也是人，也有七情六欲，也有利益诉求。

我们来看一下哥白尼学说胜利的例子。这个例子说明：某一种理论被我们接受，并不一定是因为它的正确性，有时是科学家的个人选择。我们以前被灌输的一个图像是这样的：科学是对客观世界的反映，一旦客观世界的规律被我们掌握，我们就能描述这个世界，我们甚至还能够改造它。认为科学的胜利就是因为它正确，它向我们展现了一个又一个正确的事例，最后我们就接受它。但是实际上我们通过考察科学史的例子就能看到，在很多情况下，科学不是因为它正确才胜利的。哥白尼的事例许多科学家哲学家都分析过，当年库恩等人都在哥白尼身上花了很大工夫，拉卡托斯也是这样，因为这个例子很丰富，从中可以看出很多东西来。

> 哥白尼提出他的日心学说，为什么很长时间内欧洲的科学家都不接受呢？这是因为他的学说有一个致命弱点：人们观测不出恒星的周年视差，而从日心学的逻辑上说，恒星周年视差一定是存在的。哥白尼的辩解是它太小，我们观测不到。这个辩解是正确的，因为在那个时代还没有望远镜，观测仪器确实观测不到。直到 1838 年，贝塞尔才第一次观测到了一颗恒星的周年视差。
>
> 按照我们以前关于正确的理解，哥白尼学说要到 1838 年才能够被学者们接受，因为在此之前他的理论有一个致命的检验始终不能证实，我们就没有理由相信这个学说。然而事实上，哥白尼学说很早就胜利了，比如开普勒、伽利略都很早就接受了哥白尼学说。

为什么他们会接受它呢？当这个学说还没有呈现出我们今天意义上所谓“正确”的结果时，为什么它已经胜利了呢？

根据库恩等人考证，这是因为新柏拉图主义。哥白尼也好，开普勒也好，这些人都信奉哲学上的新柏拉图主义，而在这种哲学学说里，太阳被认为是宇宙中至高无上的东西。因此他们出于这种哲学思潮的影响，不等哥白尼被证实为正确，就已经接受它了。这个例子可以说明，科学和正确的关系远远不像我们想象的那么简单，一些东西也并不是因为它正确才被接受的。

第七章

透过现象看本质

7.1 横看成岭侧成峰

网上流传过一个国外的典型测验。测试的场景是十几个身穿运动服的人边互相传递几只篮球边走来走去，受测试的人被告知要数出来这些篮球一共在地上弹了多少次。在测试开始后，一个由人装扮的高大威猛的大猩猩若无其事地从一侧进入，并在人群前敲打胸肌，稍事停留后又从另一侧离开，其间人们的传球游戏始终在进行着。不可思议的是，测试结束后，受试者都回答了他们数出来的篮球弹地次数，却没有一个人注意到其间有一只显眼的"大猩猩"走过。让他们重看录像，并不再数篮球弹地次数后，他们显然被中途出现的大猩猩吓到了。心理学上把这种现象称为"注意盲目"，意思是说当你集中精力关注某一个"焦点"时，往往会对其他东西视而不见。

与上面的测验类似，有个航空公司利用室内模拟飞行器对众多机长进行飞机着陆测验，模拟飞行器前的大屏幕场景显示，在飞机将要降落"跑道"时，有一辆小车横穿跑道。结果，这些机长中竟然有许多人没看到有汽车横穿，这同样是"注意盲目"现象。因为，这些机长当时只是聚精会神地关注跑道灯、着陆标线、下降高度等"焦点"，却没有注意到汽车。如果是实际飞行着陆出现这种情形，后果将是不堪设想的。可见，观察问题出现"注意盲目"或者是以偏概全，有时后果是非常严重的。

20年前有个美国考察团来到中国的一些学校，看到的是学生们上课时正襟危坐，老师把讲义上的内容用粉笔写到黑板上，学生们则将黑板上的内容抄到练习本上，课堂秩序良好，学生们个个乖得像小绵羊。于是他们预言，20年后这些中国孩子将会成为栋梁之才，并会对美国构成潜在的威胁，应当引起足够的重视。

20年前有个中国考察团到了美国的一些学校，看到的是学生们上课时个个“东倒西歪”，老师竟然坐在学生面前交谈，学生没学生样儿，老师没老师样儿，一片闹哄哄的感觉。因此非常自信地断定，20年后这些美国孩子绝对不会有什么出息，我们肯定能超过他们。

时至今日，结果如何，不言自明。这就是只从事物的一个角度出发进行判断所造成的误判。社会学有个术语叫“权威暗示”，其效应就是“权威暗示作用”。意思是说，无论是观察问题，还是思考问题，人们往往容易相信权威的、名人的“说法”。但这种“权威暗示”一旦成了“思维定势”，那就十分可怕了。

人们对事物，尤其是复杂的事物进行观察体验的时候，由于所处的位置不同、角度不同、目的不同、心境不同、知识基础不同等，常常会对同一事物有不同的理解。当我们换一个角度看问题，事物可能就会截然不同。正所谓“横看成岭侧成峰，远近高低各不同”。

有两个秀才一起去赶考，路上他们遇到了一支出殡的队伍。看到那一口黑漆漆的棺材，一个秀才心里立即“咯噔”一下凉了半截，心想：“完了，赶考的日子居然碰到这个倒霉的棺材。”于是他心情一落千丈，走进考场后，那口“黑漆漆的棺材”一直挥之不去。结果文思枯竭，名落孙山。

另一个秀才也看到了那口棺材，一开始心里也“咯噔”了一下，但转念一想：“棺材，棺材，那不是又有‘官’又有‘财’吗？好，好兆头，看来我今天要鸿运当头了，一定高中。”心里十分高兴，于是情绪高涨，走进考场，文思如泉涌，最后果然一举高中。

如果我们把“横看成岭侧成峰，远近高低各不同”这两句诗的喻意引申开来，可以有两种解释：一是对同一事物，由于我们所处的角度不同，便会有不同的观察结果和结论；二是即使在同一角度，由于不同人的不同思维方式，也会有不同的观察结果和结论。

在一次会议期间，东道主安排客人游览风景优美的雁荡山，夜宿朝阳山庄。次日清晨散步，客人才发现这个酒店大门的牌匾上有手书“朝阳山庄”四个大字，落款是某领导人。客人非常羡慕地说这家酒店“面子”真大，能让某领导人题字。不料，陪同者道出了一个“秘密”：原来那个领导人到雁荡山时，曾在酒店贵宾签到册上写下了自己的名字，然后在下面写下了“某年某月某日于朝阳山庄”一行小字。结果，酒店老板便把“朝阳山庄”四个小字放大成为题字，把领导人的名字缩小作为落款，成为了这家酒店的牌匾。

这个商人的精明让人佩服，而且其处理事情的胆识，也是令人叫绝。这种“点子”，也只有能从多种角度看问题的人才能想出来。

一个老太太有两个女儿，大女儿嫁给一个卖雨伞的，二女婿则靠卖草帽为生。一到晴天，老太太就唉声叹气，说：“大女婿的雨伞不好卖，大女儿的日子不好过了。”

可一到雨天，她又想起了二女儿：“又没有人买草帽了。”

所以，无论晴天还是雨天，老太太总是不开心。一位邻居觉得好笑，便对老太太说：“下雨天你想想大女儿的伞好卖了，晴天你就去想二女儿的草帽生意不错，这样想，你不就天天高兴了吗？”

老太太听了邻居的话后，从此天天脸上都有了笑容。

我们身边无数事例都说明了，灵活的思维方式和正确的观察角度是十分重要的。怎么“想”，怎么“看”，继而才能决定怎么“办”。

一次会议时，多种职业背景的人一起吃饭。面对桌上的一盘煮鸡蛋，美食家说："我不吃煮鸡蛋，它不好吃。"

营养学家说："煮鸡蛋的营养是最全面的。"

经济学家说："我喜欢煮鸡蛋，什么都包在蛋壳里，一点浪费都没有。"

同桌的人相顾宛然。

一个煮鸡蛋，不同的人有不同的观点，而且都有道理，这些道理也无从评价其格调的高低。庄子说："此亦一是非，彼亦一是非"。世事本有许多面的，若是执著于自己的是非而不顾别人的感受，闲谈文章，不过是起一些争论，放之于国家社会却会引起激烈的冲突。

有个著名的摄影作品，叫"狗眼里的世界"。它的思维方式就是我们所讲的换位思考。一旦你把这条运用得十分圆熟，上帝创造了多少种事物，你就有了多少种观察的角度，你的世界永远新鲜，永远是个万花筒。

在美国有位叫塞尔玛的女士跟随丈夫从军。没想到部队驻扎在沙漠地带，住的是铁皮房，与周围的印第安人、墨西哥人语言不通。当地气温很高，在仙人掌的阴影下都高达华氏125度。更糟的是，后来她丈夫奉命远征，只留下她孤身一人。因此她整天愁眉不展，度日如年。无奈中她只得写信给父母，希望回家。

久盼的回信终于到了，但拆开一看，那封信里只是一张薄薄的信纸，上面也只是寥寥的几字："两个人从监狱的铁窗往外看，一个看到的是地上的泥土，另一个看到的却是天上的星星。"

她开始非常失望，还有几分生气，怎么父母回的是这样的一封信？后来她反复看，反复琢磨，终于有一天，一道闪光从她的脑海里掠过。这闪光仿佛把眼前的黑暗完全照亮了，她惊喜异常，每天紧皱的眉头一下子舒展开来。

原来这短短的几行字里，她终于发现了自己的问题所在：她过去习惯性地低头看，结果只看到了泥土。但自己为什么不抬头看？抬头看，就能看到天上的星星！而我们生活中一定不只是泥土，一定会有星星！自己为什么不抬头去寻找星星，去欣赏星星，去享受星光灿烂的美好世界呢？

她这么想，也开始这么做了。她开始主动和印第安人、墨西哥人交朋友，结果使她十分惊喜，因为她发现他们都十分好客、热情，慢慢都成了朋友，还送给她许多珍贵的陶器和纺织品作礼物。她研究沙漠的仙人掌，一边研究，一边做笔记，没想到仙人掌是那么的千姿百态，那样的使人沉醉着迷。她欣赏沙漠的日落日出，她感受沙漠的海市蜃楼，她享受着新生活给她带来的一切。

慢慢地，她找到了星星，感受到了星空的灿烂。她发现生活中的一切都变了，变得使她每天都仿佛沐浴在春光之中，每天都仿佛置身于欢笑之间。后来她回到美国后，根据自己这一段真实的心理历程写了一本书，叫《快乐的城堡》，引起了很大的轰动。

以上这个故事带给我们什么启示呢？快乐就是换个角度看问题。人的思维有利导思维和弊导思维之分。利导思维就是在遇到对自己不利的事情时，把思维导向对自己有利的方面，即凡事往积极美好方面去想。反之就是弊导思维。人的心理活动是处于良性循环还是处于恶性循环，是高兴还是不高兴，从根本来讲，完全由本人思维决定，凡是运用利导思维的，就会积极乐观地对待人生，性格开朗，心情舒畅，脑细胞活力增强，思维灵活，学习和工作效率提高。那些陷入弊导思维去想问题的人，就会戴上有色眼镜，消极悲观地对待生活，心情抑郁，学习和工作效率降低。

传说达·芬奇学画之初，老师一直让他画鸡蛋，从不同角度去画，由此奠定了一个大师的基础。你有没有尝试学着全面地看问题呢？不是为了成大师，只为了生活中和工作中少一些是非。

在人的一生当中有许多困难和挫折，即使这些困难和挫折给你很大打击，但只要你换个角度去对待，转念想一想，也许这些困难和挫折将迎刃而解，只要你常常转念想一想，你的人生将充满阳光与微笑。生命质量如何在于观察它的角度。

> 盲人作家海伦·凯勒看到的是一袭华美，虽然有几只虱子，可又怎能抵消得了长袍的华美？于是她选择了坚强地活着，而且活出了生命的精彩。而青年诗人海子却只看到了丑恶，尽管袍子华美，但在他眼中这一切却已是被过滤得只剩下一堆肮脏的虱子。于是，他选择了结束自己的生命，在让虱子无处附着的同时，长袍也破碎了。他们是两种视角、截然不同的人，一人看到美丽，一个看到缺憾；一个面对半瓶酒惊喜地说：还有半瓶呢！一个却悲伤地说：唉，只剩半瓶了。

选择一种恰当的观察生命的角度，能使人更乐观地生活。生活中总会有很多的不如意，有伤心、失落，也有痛苦和难过。但我们不妨从欣赏的角度去看待这一切，如果我们“否极”，那就让我们盼望“泰来”。塞翁失马，焉知非福？也许现在我们贫困，说不定明天面包会有的，牛奶会有的，一切都会有的。我们应该乐观地看待生活，积极上进，用拼搏与努力来争取自己的幸福。

利导思维和弊导思维对人们的身体也有很大影响，日本学者春山茂雄提出“人得病源于大脑”，凡是善于利导思维的人，因为他们性格开朗乐观，言行举止、所思所为都能做到心情舒畅、自我放松，所以能使脑细胞活性化，并且能刺激肌肉，起到与运动同样的效果，能够击败衰老和疾病，从而保持心身健康。凡是善于运用弊导思维的人，由于容易产生恐惧、悲伤、焦虑、愤怒等情绪，人的大脑会分泌一种毒性荷尔蒙，日积月累，就会使体内循环不畅，进而致病。所以我们要学会利导思维，克服弊导思维。

7.2 打破砂锅问到底

“打破砂锅问到底”是人们经常挂在嘴边的一句俗语，比喻对事情进行穷根究底的探求，形象地表达了锲而不舍、不断探索的精神。但如果仔细琢磨，我们就难免会生出这样的疑问："问到底"和"打破砂锅"又有什么关系？

原来俗语中的"问"原本是读音类似的"璺"（wèn）字。西汉人扬雄在其《方言》一书中说："器破而未离谓之璺"，"璺"的意思是容器表面的裂纹。砂锅即用沙泥烧制而成的锅，人们多用其熬制中药或煨烫煲粥。这种锅质地极脆，磕坏了打坏了以后就会有裂纹一直延伸到砂锅的最下面。因此有了"打破砂锅璺到底"这一句话。后来人们就借其来表示究问不止之意。因为"璺"字难认难写，再加上"璺"与"问"谐音，人们就干脆就用"问"代替了"璺"，"打破砂锅问到底"这句俗语就这样产生了。

这一变化，在宋代就已出现，北宋著名诗人黄庭坚在其《拙轩颂》一文中即有这样的句子："觅巧了不可得，拙从何来？打破沙盆一问，狂子因此眼开，弄巧成拙，为蛇画足，何况头上安头，屋下安屋，毕竟巧者有馀，拙者不足。"

之前我们已经介绍过莱布尼茨提出的逻辑的基本定律之———充足理由律。所谓充足理由律是指："任何一件事如果是真实的或实在的，任何一个陈述如果是真实的，就必须有一个为什么这样而不那样的充足理由，虽然这些理由常常不能为我们所知道的。"因此在遇到一个论证时，有时我们有必要对其前提进行一定程度的追问。

好奇小子在看一休砍柴，就问："为什么木柴会裂开呢？"

一休答："因为它是木头。"

好奇小子又问："为什么木头就会裂开呢？"

一休答："你不要再问为什么了好不好？"

好奇小子又问："为什么不让我问为什么？"

一休："……"

一件事情发生的原因往往是一系列的。例如，甲事件是乙事件发生的原因，而乙事件的发生又导致了丙事件。假定丙事件是我们最直接遇到的一个亟待解决的疑难问题。接着我们发现丙事件是由乙事件造成的，我们就应该把注意力放在乙事件身上。当然我们不应该就此停下来，因为我们走得还不够远。乙事件是导致丙事件的直接原因，所以如果丙事件有问题，则乙事件也必然存在相应的问题。但是乙事件也是一个结果，所以关于乙事件的问题必然追溯到甲事件。如果整个因果链的源头是甲事件，那么解决甲事件才是彻底解决丙事件的根本方法。

陈女士闻到厨房里有一股腐烂物的气味。通过观察，她发现气味来自于水槽下面的一只桶里，那里盛满了散发着臭味的水。于是她倒掉了桶里的水，厨房的臭味也消散了。但是第二天，陈女士发现厨房又有味道了，水槽下的桶里再次盛满了带臭味的水。现在，如果陈女士不断地通过倒水来解决问题的话，是不能从根本上解决这个问题的。她需要做的是，研究桶里的臭水是怎么来的，比如是否水槽下的水管漏了，并从源头上解决问题。

有时，我们不能发现问题的根源，仅仅是因为我们懒惰，没有充分地研究，有时则是耐心不足。对于要做的事情，我们总想着用最快的一劳永逸的办法来解决，殊不知，问题的根源还在原地嘲笑我们。

日本丰田汽车公司是汽车行业中的佼佼者，该公司出产的汽车外形、质量、性能都非常不错。在丰田，有一个奇怪的现象，那就是“追问到底”。对公司新近发生的每一件事情，丰田人都会采用追问到底的态度，以便找出最终的原因。例如：公司的某台机器突然停了，怎么办呢？针对这个问题，他们是这样追问的：

问：“机器为什么不转了？”

答：“因为保险丝断了。”

问：“为什么保险丝会断？”

答：“因为超负荷而造成电流太大。”

问：“为什么会超负荷？”

答：“因为轴承枯涩不够润滑。”

问:“为什么轴承枯涩不够润滑?”

答:“因为油泵吸不上来润滑油。”

问:“为什么油泵吸不上来润滑油?”

答:“因为抽油泵产生了严重磨损。”

问:“为什么抽油泵产生了严重磨损?”

答:“因为油泵未装过滤器而使铁屑混入。”

追问到这里时,最终的原因也就找到了。也就是说,要想使机器正常运转,只要给油泵装上过滤器,再换上保险丝就行了。

任何事物都有其原因和结果、表象和本质。通过结果,可以探究出事物的原因;通过表象,可以发掘事物的本质。只要你善于发现一些不引人注意的线索,步步深入地追究下去,从已知到未知,从现实到可能地加以思考,最后就能产生创造性的成果。

那么,我们是否应该对所有遇到的问题都一直追问到底呢?

很多时候,我们给自己太多的疑问,却无法全部自我解答。每每遇到困惑的时候,我们总会迷茫,失去了方向,不知何去何从。有些问题其实简单得有点可笑,但我们却都执著地刨根问底钻牛角尖,不管事情重要或不重要,都乐此不疲。其实,生活有时需要明察秋毫,有时也需要糊涂。

“水至清则无鱼,人至察则无徒”。明明白白地活着,大多数人都这么想。并不是在要求别人,只是在对自己说要真诚一些,好让自己活得坦然些。假如这个世界上的每个人都活得明明白白,这个结果我们也会有遗憾的。

曾经有一位年轻的钢琴家被问到他如此年轻就成功的秘诀时,他回答说:“有意地疏忽。”

他的解释是:“最初,我要浪费很多时间做很多的事,早餐后,回到房间,整理床铺打扫房间和其他各种事情,然后才去练琴。我发现进步要比我想象中的慢,于是我逆转行事,在练好琴以前,我故意忽视其他的事情,果然进步的速度得到了提高。”

想追求完美无缺的事物，本是无可厚非的，然而，这种愿望落空也是经常发生的。优点与缺点，长处与短处，相比较而存在，即便是最好的，也不等于是最完美的。这个世界也是这样，当人类还没有完全掌握世界的本质时，我们追问一个问题的最后总会遇上一个还没有得到解答的问题。在不必要的事情上如果你非要弄个明白，也许会使自己很疲惫，而结果也往往不如你想象中的完美。

7.3 现象与本质

世界上任何事物都有其表面现象和内部本质两个方面。现象是本质的外部表现，它总是从一个侧面反映事物的本质；本质是现象的内部联系，总要表现为某种现象。在人们认识事物时，不能停留在对它表面现象的观察上，而要透过现象看本质，认真分析决定事物形成的诸多因素，从中找出起决定作用的本质的原因来。

在枫叶上，露珠红红地闪烁；在荷叶上，露珠有着泪滴似苍白的透明。这是现象。本质是因为背景的不同而使得露珠有了不同的色彩，但实质上它就是一颗普普通通的露珠。因此，我们不能只看表象，要透过现象看本质。

在大街上，我们经常可以看到一些衣着时尚的花衣女郎，打扮前卫，靓丽。然而其中有些人却张口就是污言秽语，将手中的垃圾随意丢弃。这种种不文明的行为，很难让人与她们美丽的外表联系起来。

美丽的外表，不一定有美丽的内在，因此不能以貌取人，不能一味地关注外表而忽视内在的东西。

留长发者就是艺术家吗？未必，疯子也留长发。女士留长发司空见惯，不足为怪；男士留长发就被认为不男不女，不伦不类。名副其实的艺术家，或是职业的需要而迫不得已留长发情有可原，无可厚非；某些男士追求“个性”、

“时髦”而留长发，自然也应是个人的自由。

苹果熟了，从树上掉下来，这是日常生活当中再平常不过的现象了。

然而只有牛顿发现了它掉下来的本质，由此引发了“为什么苹果不飞上天而落到地上”的联想，并进行了深入的研究推理，最终发现了著名的万有引力定律。苹果落地这一现象的产生，其本质是物体间的相互吸引而造成的。

古代，人们看见自己生活的土地四四方方，而太阳总是东升西落。由此现象而产生了“天圆地方”的假说。

哥伦布环海旅行之后，人们才真正意识到，地球是圆的，是一个球体。原来，“天圆地方”的表象是错误的，而地球是一个球体才是本质。

有许多年轻人非常羡慕舞台上光芒四射的明星，因为他们有众多的追求者和喜爱者。因此这些年轻人也梦想着有一天能成为明星，受人追捧。然而他们只看到了明星们舞台上的精彩表演，却不曾想过舞台之下，明星所付出的努力，流下的汗水。“台上一分钟，台下十年功”是名副其实的。透过生活中种种的表现，认识其本质的真相，这能令我们更清晰、明智地认知世界。

商场搞抽奖，承诺90%的奖金用于奖品，中奖率相当高，吸引了很多人来摸奖。

我们知道，谁也不会做赔钱的买卖，其实商家拿着买奖票的钱都够买所有的奖品了，所以，抽奖的本质是一种变相促销。

当你懂得了所有的规律，包括自然的和社会的，懂得了人的行为，明白了自然的规律，那么你就能够透过现象看到本质，更好地理解现象产生的深层原因。

有一对小两口为了一瓶糖浆较上了劲儿。事情的起因是他俩的孩子咳嗽，就给孩子喝止咳糖浆，喝了好几天后，孩子的咳嗽一点也没见好。当孩子的妈妈再一次喂孩子喝药时，突然发现这糖浆瓶的底部有浅色的沉淀，而且怎么摇晃都不消失。

夫妻俩越琢磨越不放心：好好的糖浆，怎么会这样呢？孩子的父亲最先以为是药有质量问题，于是，他仔细看了看糖浆的包装：明明是正规厂家生产的，而且是从大药店买的，商标、说明都在。质量有问题的可能性不大，也没有过保质期。到底哪儿有问题呢？于是夫妻俩找了位学识渊博的邻居来鉴定。

邻居来到他家仔细看了那瓶奇怪的糖浆，并了解到：这瓶止咳糖浆是两个月前孩子父亲喝过的，因为当时没喝多少，自己就不咳嗽了，所以剩下了半瓶。而且他告诉邻居，他喝的时候，糖浆没有任何异常。

这么看来，这瓶糖浆原来是好的，那么问题就出现在没人动过的这几个月，会不会是孩子父亲贮存不当，变质了？这半瓶糖浆一直被贮存在冰箱的冷藏室里，大家都知道，温度低能让东西贮存的时间更长，可为什么到这瓶糖浆身上，怎么就保鲜不成却变了样呢？莫非真的是保存方法上另有讲究？

邻居告诉孩子的父亲，糖浆一般都要求避光保存，只有个别的标明了要在20度以下贮存。这么看来，贮存方法应该并没有错呀，为什么糖浆会发生变化呢？再仔细察看，邻居发现这些沉淀物其实就是糖浆里的糖，原来问题就是出在了他们把糖浆放在冰箱里保存。

小两口越来越不明白了，无论是遮光保存还是20度以下，在冰箱这个环境里都满足了呀？为什么还会让糖浆变样呢？

邻居解释道，这瓶糖浆之所以会“变样”，是因为冰箱的温度太低了，过低的温度会使糖分析出，产生结晶，还可能造成药物的一些变性。而没有蔗糖成分的糖浆就不会出现结晶现象了。

既然含有蔗糖的糖浆在低温下会结晶变质，那么是不是说含糖的糖浆就不能放在冰箱里保存了呢？邻居告诉他，其实也不是。糖浆完全可以放在冰箱里，糖浆变样最根本的原因是位置放得不对。

于是邻居取了温度计来测量了一下他们家冰箱内的温度，当时贮存糖浆的位置是在上层靠后。经过测量，这个位置的温度大概是 0.4 度。而这个温度会导致糖浆里的糖析出。冰箱里不同位置的温度并不相同：上层靠后的温度一般是 0–2 度，上层靠前的温度为 3–4 度，下层靠后的温度为 5–6 度，下层靠前的温度为 6–7 度，而冰箱门上的温度差不多就 10 度了。糖浆最好保存在 10 度左右的环境下。这么看来，糖浆贮存在冰箱门上最合适。

从止咳糖浆有无法溶解的沉淀这种现象，追根究底得出产生沉淀影响疗效的本质是因为贮存位置不当。其实，不管您碰到什么事儿，最关键的都不是现象，而是事情背后的本质。那么，我们如何才能找到这个本质，让您的生活过得更好呢？恐怕就只有使用逻辑来透过现象找到本质才能办到了。

第八章

正确严密的推论

8.1 你喜欢乱用类比吗

我们都喜欢比较不同事物之间的异同，实际上，不会比较就不会有新的观念产生。我们辨别事物异同的能力正是通过比较这种活动得来的。当用命题将一个观念同另一个观念联结时，它是人脑所做出的最基本的比较的语言表达。我们所说的“判断”是一种精神活动，它通过观念的联结使我们可以对所处的客观世界做出连贯的陈述。由于判断是命题的基础，所以我们所说的适用于命题的一切原则，也必然在判断中适用。如果一个判断所揭示的观念之间的联系真实反映了客观世界中的关系，那它就是正确的。

反映在命题内部的比较有着基础性的地位，因为它是我们在两个或多个命题之间做出多重比较的源泉，而且正是这些纵横交错的比较构筑了人类的观念。如果不能通过比较认识事物之间的联系，那么我们的观念就会产生脱节。我们会有想法，但是每个想法都是孤立存在的。我们不知道如何将观念联结在一起，来反映事物之间的联系。

当我们比较两个事物时会发现它们或者完全相似，或者部分相似，或者截然不同。当我们说两个事物完全相似时的根据是什么呢？那就是我们在一个事物上所观察到的某些特性，在另一个事物上也存在。当我们将论证置于比较中时，我们的目的是展示我们所比较的两个事物实际上是相似的。

假设我们通过仔细观察两个事物，找出了它们之间有很多共有的特性，于是我们得出结论:“这两个事物非常相似。”这个论证的前提是我们观察到的两个事物有共有的特性。如果我们比较猫和狗，它们之间的共性有：四肢、毛、胡须、爪子等。如果在我们所讨论的问题中，所有涉及的特性都是重要特性且没有其他重要特性被遗漏，那么我们的论证就是合理的，令人信服的。我们可以得出“猫和狗非常相似”的结论。在“部分相似，部分不同”的判断中，相似和不同永远没有一个完美的平衡点。可能同多于异，也可能相反。但是，无论差异有多大，它们都公平地来源于对可观察到特性的认真比较。

两个事物毫无共同之处的判断又如何呢?如何断定这个判断是合理的?如果通过比较两个事物共有的特性，可以得出两个事物完全相似的判断是合理的，那么用同样的方法得出两个事物截然不同的判断也是合理的。比如一只手机和一只水壶，它们在很多方面是不同的，但它们也可能有相似的特性。比如有相同的颜色，相同的重量，或者相同的材料等。当然，生活中完全相同的两个事物是不存在的。同理，没有任何两个事物是完全不同的，至少它们都是存在的。

要对比任何两个事物，特别是庞大复杂的事物，像历史事件之类，要谨记不能仅仅因为在比较时我们注意到了很多相似之处，就鲁莽地得出诸如“这两个事件很相似”之类的结论。问题的关键并不是相似特征的多少，起决定性作用的是这些相似特征的重要性。如果一个性质揭示了事物的本质，那么它就是重要的，它揭示了事物本身的特性。

由此我们引出这一节所讨论的内容：类比推理。所谓类比推理就是根据两个对象有部分属性相同，从而推出它们的其他某个属性也相同的推理，简称类推或类比。

声音和光线有不少相同属性：直线传播、反射、折射、干涉等；而我们知道声音是一种波，所以推出光线也是一种波。

这就是类比推理。类比推理具有或然性。如果前提中确认的共同属性很少，而且共同属性和推出来的属性没有什么关系，这样的类比推理就很不可靠，也就是机械类比。如果一个主要特性被遗漏，那么即使有大量相似的其他特性，也不可能做出可靠的比较结论。

甲："你见过大象吗？"

乙："没有。"

甲："我来告诉你大象长什么样子吧。它有四条腿、两只眼睛、两只耳朵、一张嘴、一条舌头、一条尾巴。"

乙："哦，我知道大象长什么样了。不就和猫长得一样吗？"

甲的描述缺少了大象一些重要的特性，比如体形、鼻子等，这导致乙的类比出现严重的错误。

类比论证的基本结构如下：在比较的两个事物中，对于其中一个事物，我有比另一个事物更深入的了解。我所做推理的目的是：在已知这两个事物有足够多的相同特性的基础上，相信它们其他的一些特性也是相同的。

有两个事物甲和乙，因为：

甲事物具有如下特性：A、B、C、D、E、F、G；

乙事物具有如下特性：A、B、C、D、E、F、G；

甲事物具有特性：H。

所以得出结论：乙事物也具有特性 H。

虽然这个结论有可能正确，但不是必然正确的。基于两个事物拥有大量相同特性的事实，当其中一个事物具有某个其他特性时，很可能另一个事物也同时具有。所以类比推理只是一种或然性推理，其结论是或然的，而不是必然的。就是说，即使前提为真，结论也有可能为假，由此可知这并不是一种"有效"的论证形式。

因此，类比论证只适用于当我们不能直接证明某事物具有某特性时，或者这个事物还无法观察的时候。并且类比推理的目的只是一个形象的说明或作为一个参考，并不能把类比推理出的结果作为一个结论。

中国公关协会最近的调查显示，去年中国公关市场营业额比前年增长25%，达到了25亿元；而日本去年公关市场营业额大约为5亿美元，人均公关费用是中国的10多倍。由此推算，在不远的将来，中国公关市场的营业额将从25亿增长到250亿元。

类比涉及两种事物的对比或两个时段的比较，但上面这种对比存在逻辑问题。中国与日本人口结构存在着相当大的差异，尤其是对于公关这样的城市化程度要求很高的行业而言。论述者由日本公关市场的发展过程不能必然推出中国公关市场未来的发展状况。因为这两个国家在人口结构、消费者收入、城市化进程以及消费习惯等方面都是不同的，上述论证简单地将日本的人均公关费用推广到中国，显然是乱用类比。

甲："我认为'自由'不是一个普世价值，因为自由也会带来混乱和低效率。"

乙："我不同意。就像人有手臂，那他既可以用这个手臂进行劳动，也可以用这个手臂去盗窃。但不能因为人的手臂有可能犯下盗窃罪行，就事先把人的手砍掉。'手臂是好的，不能砍掉'这个命题，不管对于一个普通人，还是对于一个小偷来说，都是正确的。因而这个命题对任何人，对所有可能的人来说，都构成'普世价值'。没有人会认为一个赞同手臂是好的人，就必然会去进行盗窃犯罪。"

乙对甲的反驳表面上看来是不错的，推导过程中也没多大的逻辑漏洞。不过，乙的论述存在一个严重的缺陷：这个例子是用类比的手法取得的，而不是一个实实在在的普世价值例子。因此，如果类比有问题，后面的推导和结论就如空中楼阁一样，完全没有意义。下面我们仔细分析一下乙的论证。

首先是类比的对象不恰当。类比的第一段："就像人有手臂，那他既可以用这个手臂进行劳动，也可以用这个手臂去盗窃。但不能因为人的手臂有可能犯下盗窃罪行，就事先把人的手砍掉。”在这里，把自由类比成了手臂。问题是，能否把自由与手臂做类比？两者有多少共同属性？仅仅因为两者的共同属性是“两者都可能导致坏的结果”就拿来类比，这样的类比并没有什么说服力。二者的共同属性并不是本质属性，这种共同属性同结论中的属性也没有多少必然的关系。“自由”是一个虚的概念，而手臂却是一个实实在在的实体物质，两者差别巨大，不能如此简单的类比。

接着是对“普世价值”的定义模糊。乙说“手臂是好的，不能砍掉”是一个“普世价值”，因为“这个命题，不管对于一个普通人，还是对于一个小偷来说，都是正确的”。这个论述从逻辑上说不严谨，手臂在任何情况下都不能砍掉吗？恐怕不是。如果受伤或者得了某些疾病而需要接受截肢手术，就必须要把手臂砍掉了。

所以乙的这一番论述并不能得出“自由是普世价值”这个结论，其唯一的作用就是反驳了甲论证背后的“会带了坏结果的事物都是我们要避免的”这个隐藏命题。

同这种类比相似，还有一些类比，如：把自由类比成空气、把民主类比成食物等来论证“民主自由是好的，不可或缺的”这个论点。在这些类比中，把民主、自由换成其他一些比较正面的概念，也可能说得过去。但仔细一看，这种表述其实什么也不是，什么也没说，毫无意义，毫无价值。这些类比充斥在对大众的演说之中，有不小的影响力。但作为严肃的逻辑论证，有严重的逻辑缺陷，是无法给自己的论点增加任何说服力的。

任何类比，即使在结论正确的时候，充其量也不过是一个“说明”，不能用作结论的“论证”。许多类比甚至根本就是谬误类比：

> “俄罗斯就是老黄瓜没刷绿漆，美国是老黄瓜刷了绿漆，其实在本质上都是老黄瓜，半斤八两。”

这显然是一个乱用类比，因为国家和黄瓜没有必然的类别关系。类比论证的方法与思维方式没有丝毫的理性可言。

在科学上，类比的应用仅限于发散性思考和设想，得到的结果如果不想办法去印证那永远也只是猜想而已。对于严谨的科学、哲学或者社科性研究，该论证方法或思维方式的运用，必然会给自己的理论大厦带来很大隐患。可惜的是，中国传统文化最推崇类比的运用。比较典型的如中医的五行理论，用自然的五行类比人体的五脏，由于这个理论在中医中的地位属于根基，所以始终无法发展成逻辑严谨的现代医学。

类比的思维形式在流传至后世的一些著名的先秦典籍中大量出现，如《易经》《老子》，等等，其影响是深远的。《老子》中类比和文辞的对称之美加上语言的简洁之美，其感染力是很大的。但细究一下，除子大量类比论证之外，剩下的大多是观点、格言的集合，对于一部思想巨著来说，这不能不说是一个缺憾。

> “江海所以能为百谷王者，以其善下之，故能为百谷王。是以圣人欲上民，以其言下之；欲先民；以其身后之。是以处上而民不重，处前而民不害。是以天下乐推而不厌。以其不争，故天下莫能为之争。”

这是由一连串的“是以”连接起来的连锁推论方式，在逻辑上毫无价值。这一切推论，是从“水往低处流”这个自然现象中推导出来的。因为江海位置低下，能纳百川，所以圣人为了爬上去统治百姓，就必须先伏低做小，这就是《老子》这段话中的“逻辑”就算“将欲取之，必先与之”的道理成立，它也与促使水流动的地心引力毫无关系。

类似地，中医“理论”中的那些“天人感应观”也是各种类比的集合。自然界有的东西，体内似乎全有，“风寒暑湿燥火”无一不备。这种联想，使我们像尼采笔下的“超人”那样，从此山的山巅一步就跨到彼山的山巅，在概念之间作狂野的“飞跃”。美国汉学家费正清早就以“修身、齐家、治国、平天下”的例子指出过这种“连锁推论”的荒唐。该“理论”从“个人”到“天下”层层放大，连续飞跃，毫无逻辑上的联系，却被读书人奉行了两千多年，期间竟没有多少人想想：一个人就算是修身修到活佛的境界，难道就会自动具备齐家、治国、平天下的能力不成？反过来，一个能平天下的人，难道就必然修身、齐家吗？各种反例在中国历史中都并不难寻找。

这种类比思维其实是一种懒汉式的思维，不去钻研事情的本质，投机取巧地从其他的概念体系里借一个自己需要的事例。类比事物之间的差别被人为剔除，只保留自己喜欢和容易的部分，然后来说明该事例在自己所要论证的概念体系里是同样存在的。这种事例中的非理性是相当明显的，如果一个社会被这种非理性思维长期主导，是不会有严谨的逻辑观念的。

当然，类比论证也不是毫无用处。由于类比推理的逻辑不严密性，虽然不太适合于定量要求较高的科学研究和推理领域，但在有些场合却是强有力的武器，比如演讲和辩论。在激烈的法庭辩论中，由于时间短，一般对方来不及做深入细致的理性分析，类比推理的逻辑漏洞不容易被发现，倒是它的生动形象和看似严谨的推断更容易麻痹听众。在演讲场合，听众一般都是单方面接收的受众，情绪在那个场合也变得比较感性一点，妙趣横生的类比不但不会被人发现其逻辑缺陷，反而更能吸引听众。

8.2 怎样的论证结构才有逻辑

前面我们已经知道，即使结构正确，前提错误的论证带来的也是错误的结论。在这种情况下，结构是正确的，前提是错误的。相应的，前提正确结构错误同样会带来错误的结论，这时错误的根源是论证结构的缺陷，也就是论证的形式并不是“有效”的。

每只猫都是哺乳动物。

每只狗都是哺乳动物。

所以，每只猫都是狗。

这个论证中，两个前提命题都是正确的，但结论显而易见是错误的。在这个例子中，论证结构是有缺陷的，无效的论证结构阻碍了论证各部分之间的正确联系，因此无法得出正确的结论。

我们可以分析出在这个论证结构中，中项“哺乳动物”既是大前提的谓项，也是小前提的谓项。这就是致使论证无效的根源所在。但是，为什么会这样？为了理解问题的本质，我们必须牢记中项的作用——联结大项和小项。但是，本例中的结构安排使中项不能发挥其作用。我们现在关注一下具体原因必须联系肯定命题中谓项的性质。

论证中的两个前提命题都是肯定的，而且两个前提的中项都是谓项。肯定命题中谓项的重要性质如下：它们通常是特称或“不周延的”，永远不会是全称或“周延的”。在命题“所有的猫都是哺乳动物”中，主项是全称，“每一个”就是它的指示词。然而谓项并不是指向所有的哺乳动物，它仅限于猫。如果我们假设谓项是全称，颠倒主谓关系，因此可以得到“所有的哺乳动物都是猫”的结论。很显然，这是错误的。

所以，我们注意到上例论证中，中项的两次出现都是不周延的，这就是重点。中项至少要有一次是周延的，这样才能在大项和小项之间起到联结作用，才能演绎出必然的而不是可能的结论。一个不支持中项周延性的论证结构必然是无效的。这种错误在逻辑学上有特定的名称，叫作中项不周延。

现在，让我们把以上分析应用于我们正在讨论的论证问题上。论证前提的作用是要把两个小类（猫和狗），放入同一个大类（哺乳动物）中。结论则试图将两个小类等同，理由是它们都同属于一个大类。生活常识告诉我们，这两类动物可以同属于一个大类，也可以是不同的。

论证的理想结构是根据真实的前提可以保证得出正确的结论，这样的结构才是有效的。我们在上例中所讨论的结构是无效的，因为它不能保证结论的必然性。这就意味着这样的结构我们永远都不能用吗？也不是。沿着这样的结构，你同样可以构造出正确的论证，前提是你必须清楚地知道，这样演绎出来的结论只是可能的，而不是必然的。结论可能性的高低取决于前提联系的紧密程度。

老陈在四月份的时候去北京旅游了。

老王也在四月份去了北京。

他们有可能四月份的时候在北京见过面。

注意结论中的假设性，它是很恰当的。我们不能确定老陈和老王一定在北京见面了，我们知道的是他俩都在那里。

一个命题的本质指的是它是肯定的还是否定的。如果论证中的结论是否定的，那么前提中至少有一个必须是否定的。让我们来看一下，如果论证中大小前提都是否定的，会出现什么情况：

没有男人是女人。

没有女司机是男人。

所以，没有女司机是女人。

很明显，这是个荒谬的论证。两个否定前提的影响相当于一个不周延的中项，一个不周延的中项不能起到有效联结大项和小项的作用，所以两个否定前提同样不能起到联结作用。女司机和女人都与男人对立的事实不能得出她们两者本身也对立的结论。那么，肯定前提否定结论的论证又是什么样子的呢？我们来看如下例子：

所有的猫都是哺乳动物。

折耳猫是猫。

所以，折耳猫不是哺乳动物。

这也是个明显很荒谬的论证，结论根本不承袭前提，没有任何道理。我们再看下一个例子，一个带有否定结论的正确论证：

没有猫长着翅膀。

所有的折耳猫都是猫。

所以，没有折耳猫长着翅膀。

这里，“猫”和“长着翅膀”是完全对立的，“折耳猫”是被“猫”完全包含的子集，所以“折耳猫”这个小子集与“长着翅膀”这个大前提也是完全对立的，这正是正确有效的论证形式。

有一种隐藏不可靠假定的错误论证。在“看法”和“论证”之间会有一些隐而不见，但不可不核查的假定。

> 某某公司真好，因为它提供了非常优厚的薪水待遇。

在这个理由和结论之间其实有一个不可靠的假定，那就是：凡是薪水待遇优厚的公司，不管工作时间多长，不管工作强度多大，不管职业前途多差，都是好公司。这个假定把衡量好公司的标准严重单一化了。

类似的对事物极度简单化也是一种错误论证。

> 马克思主义的道理千头万绪，归根到底，就是一句话——造反有理。

对复杂和多种因素的事情进行单一、肤浅的解释，并将之打扮成“高度概括”和“本质总结”的模样，实际是错误的逻辑。

从一个看上去是事实的判断，一路不加中介论证地随意引申；从一个错误的前提出发，一路进行错误的推理，最终得到错误的结论，这种逻辑错误被形象地称为“滑坡谬论”。

> 如果你偷懒，就会令公司蒙受损失；公司赚不到钱，就要解雇员工；遭解雇的人因为失去收入，就会打劫；如果打劫时遇到对方反抗，就会杀人。所以如果你偷懒，你就是杀人犯。

这个论证是典型的一系列滑坡推论，导致最后得到一个荒谬的结论。

还有种错误的论证是，不讲是非对错，而是用挑别人的错，或者找看上去类似的事情，来堵别人的嘴。

甲:“不要大声谈笑了,图书馆请保持安静。”

乙:“这里这么多人在说话,你怎么不去说他们?”

这是一种变相的贼喊捉贼:我肮脏,别人也不干净,而不去讨论问题的关键点:图书馆能不能大声谈笑。

由于受传统文化的影响,很多人不懂逻辑学上的“充足理由律”,习惯于不证而论,只有论点,没有论据。

古之善为道者,非以明民,将以愚之。民之难治,以其智多。故以智治国,国之贼;不以智治国,国之福。

《老子》的这三句话,每句都是论点,毫无论据,实际上是三个彼此毫不相干的结论。翻译成白话是这样的:“古代善于实行‘道’的人,是去愚弄百姓,不是教育他们明白事理。聪明的人民是难以统治的。所以,用开发民智去治国只会坑害国家;反过来就会给国家造福。”

这里每一句话都是先入为主,强加于人,最后那句话用“所以”引出,看似是基于前面论证的结论,其实只是与前两个结论并立的另一结论。古代欧洲的百姓也不笨,然而并没有像古代中国那样周期性地发生暴乱,可见“智民难治”的结论并不能自动导出“以智治国是祸国”的结论。就算勉强把最后这个结论说成是由前面的论点引申而来的,它仍然只是建筑在未经证明的两个论点上。愚民如果是暴民,就更谈不上“易治”了。

这种“不证而论”的传统在近代得到了空前的发扬光大,人们似乎也丝毫未感到世上有讲道理的必要,于是中国成了一个名副其实的“口号”国家。无处不见的那些巨幅标语,以上帝般的权威口气,不容置辩地“命令”或“教育”我们应该怎么去过日子。有些人早已习惯于不假思索地接受这些毫无根据的命令,却不去追问提出这些口号的根据是什么,理由何在。

8.3 无奈下的归纳法

如我们前文所述，命题的量指的是，它是全称的还是特称的。命题的量取决于它的主项。“每一只鸽子都是鸟”是全称命题。“一些树是每年落叶的”是特称命题。在三段论的论证中，如果前提中有一个特称命题，那么它必被反映在结论中。如果一个前提以“一些”开头，那么结论必以“一些”开头。

从全称到特称的论证过程确保了结论的必然性，从特称到全称则不然。对部分有效的结论，我们不能肯定地说对整体也都成立。在一些例子中，从特称到全称的论证过程会得出明显是错误的结论。“一些猫是折耳猫”是个绝对无误的命题，但是这个前提并不支持“所有的猫都是折耳猫”这个结论。这说明，不是仅仅有正确的前提就可以得出正确的结论。要得出正确的结论，前提对结论来说必须是充分的，这恰恰是特称前提所不能提供给全称结论的。整体包含部分，但是部分不能代表整体。

在结论中，量必须以更绝对的方式反映出来。这就是说，出现在结论中某项的量，无论是关于主项的还是谓项的，都不能超越前提中同项的量。换句话说，如果结论中某项是全称的，那么前提中某项必然要是全称的。为了让这个观点更清晰，我们来看下面的例子：

每只折耳猫都是猫。

一些猫都很可爱。

所以，每只折耳猫都很可爱。

即使我们知道两个前提都是正确的，我们仍然直观地感到这个论证存在严重的问题，只是我们不能立刻抓住要害。然而，如果我们牢记以前学过的一些知识，仔细来研究一下，是可以正确找出症结所在的。注意结论是关于“每只折耳猫”的，此项无疑是全称的。但是，如果我们来看第二个前提，会发现它是一个肯定命题的谓项，这种情况通常是特称的，或者说是不周延的。将前提中的特称项在结论中变为全称项，如此例中所做的那样，是不合逻辑的。

我们已经说过，要想得到特称的结论，必须要有特称的前提。那么，如果有两个特称的前提，会发生什么情况呢？让我们用下面的例子来试验一下：

一些男人喜欢玩游戏。

一些喜欢玩游戏的人是学生。

所以，一些男人是学生。

这个论证并不成立。一些男人是学生，确实如此。但是，此论证不能证明这个结论。解释这种情况的普遍原则是：两个特称的前提不能得出确定的结论。让我们来仔细研究一下为什么是这样，是什么在影响两个特称前提得出必然结论？注意，在这个论证中，中项是“男人”。在大前提中，它是特称的“一些男人”；在小前提中作为谓项时，它同样是特称的。因此我们的中项没有一次是周延的，这样导致的结果就是：它没有足够的能力联结大项和小项。

那么，在特称前提和全称结论之间存在合理的通道吗？答案是肯定的，只要我们能够保证结论包含的范围完全落在前提的范围之内，在不能做出确定的结论时，我们可以做出可能的结论。换句话说，这个从特称到全称的过程，必须是谨慎的。如果我遇到的所有喜欢玩游戏的人都是学生，又假设我遇到了很多喜欢玩游戏的人，那么我说：“可能所有喜欢玩游戏的人都是学生。”这也不是没有根据的。至于这个推测是否属实，那是另外一回事。仅仅因为某些特征适合于整体的某个部分，就声称这些特征也必然适合于整体，这是明显的谬误。但是这种谬误人们常常避免不了，所以在面临类似的情况时应加倍小心。以偏概全是人类的某种天性，尽管这并不是什么好事。

到目前为止，我们所讨论的所有论证都是演绎论证。传统区分演绎论证和归纳论证的方法是：演绎论证是从一般到个别，而归纳论证则恰恰相反。这是区分两者的有效方法，但也有其局限性。更准确地区分两者的方法是：演绎论证得出的是必然性结论，而归纳论证只能得出可能性结论。现实是我们往往无法掌握一类事物的所有成员，所以归纳论证法是一种因为人类认知能力有限而产生的无奈妥协。

作为论证形式的两种类别，演绎论证和归纳论证都具有论证的两个基本要素：前提和结论。在演绎论证中，我们只用一个正确的命题作为起点。通常，它是一个全称命题，包括许多事物。演绎论证的基本原理是：从一个我们知道为真的命题开始，经过抽丝剥茧的分析，得出原始命题背后隐含的是什么。

每只猫都长着胡须。

邻居家的宠物是只猫。

所以，邻居家的宠物长着胡须。

这个论证的结论的真实性已经包含在大前提中了，论证只是把它形之于外。可以说，演绎论证是解析过程，因为它把普遍的事实还原成了它的组成部分。

而归纳论证的前提则是一个由特称命题组合而成的系列证据。这些证据是得出一个关于它们共性的可信结论的基础。但是，是什么促使研究者为某个特别的现象努力收集证据呢？是假设。假设是关于事物应该是什么样或者可能是什么样的科学推测。假设的灵感可能来源于某次偶然观察，它触动了你曾经的灵感，也可能是长期研究测算的结果。举个关于归纳的简单例子。

假设有个很喜欢狗的王先生，他家里养着五只狗。有一天，他的妹妹带着两个孩子来看他。两个孩子来到了一个新鲜环境，非常兴奋，想和几只狗迅速熟悉起来。王先生把狗带到院子里，逐一点名。一个孩子抬起手去拍那只被点到名的狗的头，结果那只狗一惊，迅速地跑掉了。另一个孩子，首先把手伸到了那只狗的鼻子下面，让它嗅一嗅自己，然后，这只狗就任由孩子来拍它的头了。

看到这一幕后，王先生觉得很有意思，心想："这难道仅仅是巧合吗？"

于是他问那两个孩子愿不愿意来做一个实验。两个孩子都很乐意。王先生告诉他们，他将逐一点余下的四只狗的名字。当每只狗被点到时，一个孩子要直接伸出手做出要拍它的样子，然后另一个先把手放在狗的鼻子下面。结果每次都一样：在第一种情况下，狗都被吓跑了，而在第二种情况下，它们就表现得很驯服，愿意接受抚摸。

于是经过简单的归纳，王先生得出了狗在哪些环境下会做出什么行为的试验性结论。

王先生的这种归纳法看起来很粗糙，但实际上整个科学的大厦就是建立在这种归纳推理的基础上的。科学家一直致力于收集零散的信息，以期能举一反三，推导出一般模式。一旦模式被探测到，重复出现的规律性被记录到，可信的推测就有了坚实的土壤。如果我们观测到，只要现象A不发生，现象B就绝不会出现，并且我们已经观察了成千上万次的这种现象，那么我们就可以合理推测：如果明天出现现象B，那么现象A一定会发生。归纳推理因此成为了演绎推理的基础。

归纳推理的目的是对大量的事物做出可信的一般性结论，即有高度可能性。逐一检测特定范围内的所有成员，以此来确定是否每个成员都具备这个特征，这样得出的结论就是确定的。但是这种做法基本上是不可能的，就像王先生不可能去对世界上的每一只狗都做实验一样。所以研究者所要做的就是：以整体中的某一部分为样本来做研究，以此来代表整体，样本范围的大小决定了它的代表性。想要代表一个整体，你所取的样本必须足够多，多到你可以合理地认为它涵盖了整体中的所有情况。

归纳推理也是写作各种议论文常用的技巧。为了增强说理的气势，人们在进行议论文写作时常常用排比的形式列举一组相似的典型论据，让这些事实“胜于雄辩”。

盖文王拘而演《周易》；仲尼厄而作《春秋》；屈原放逐，乃赋《离骚》；左丘失明，厥有《国语》；孙子膑脚，《兵法》修列；不韦迁蜀，世传《吕览》；韩非囚秦，《说难》《孤愤》；《诗》三百篇，大底圣贤发愤之所为作也。此人皆意有所郁结，不得通其道，故述往事，思来者。

像这样运用短例列举的形式，高度概括事实，大大强化了语势，增强了论证效果。值得注意的是：我们在列举了多个典型论据后，需要对这些论据进行比较分析，归纳总结出它们的共同点，而这个共同点必须紧扣论点。再比如：

> 我国古代名医孙思邈在行医时发现了一种奇特的现象，某一地区的穷人得雀盲眼的特别多，而富人却与它无缘，富人经常得脚气病，但穷人却没有。后来他不断留心观察，发现穷人只能吃得上粗米、糠皮，而富人只顾吃精米细粮、大鱼大肉。于是他让两种人交换了一下食物，过了一段时间，两种人的病都好了。原来粗粮富含维生素B2，而鱼、肉中富含维生素E。
>
> 这种看似偶然所得的事例还有很多：画家莫尔斯在听演讲时大受启发，发明了莫尔斯电码；化学家道尔顿给妈妈买了一双袜子，结果发现了色盲症；物理学家波义耳在养紫罗兰时发明了石蕊试剂；医生邓禄普浇花时受到启发，发明了自行车轮胎；化学家凯库列做梦时发现了苯的分子结构；一个无名的花匠发明了钢筋混凝土……
>
> 这些人，他们都在某一时刻突然受到了启发，发现了某种意想不到的事情。事实上，他们为了这一天的成功也许已经潜心留意周围事物许多年了，这正是他们本身素质的体现。要知道，机会只会留给那些寻找它而不断探索的人。因此，只要我们专心致力于周围有趣的事物，成功就可能会降临。只要对周围的事物留心观察，潜心研究，就可能获得意想不到的收获。

上面的语段，是在举出一个例子之后，又联系了其他众多类似的事例，形成一组排比形式的论据，然后用一句较简洁的话对所有事例进行归纳总结，总结出它们的共同点：这些人，他们都在某一时刻突然受到了启发，发现了某种意想不到的事情；再对这些人成功的原因进行分析挖掘：事实上，他们为了这一天的成功也许已经潜心留意周围事物许多年了，这正是他们本身素质的体现；

最后紧扣论点做出结论：要知道，机会只会留给那些为了寻找它而不断探索的人。只要我们专心致力于周围有趣的事物，成功就会降临。

> 左思为写《三都赋》，闭门谢客，数载耕耘。“衣带渐宽终不悔”的执著，换来了丰硕的成果，《三都赋》轰动全城，一时洛阳纸贵。李时珍为完成《本草纲目》这一鸿篇巨制，历时27年，三易其稿，才成就了这部享誉世界的“中国古代百科全书”。英国物理学家法拉第，为了揭示电和磁的奥秘整整奋斗了10年。10年之后，他成为揭示电磁奥秘的第一人。
>
> 左思、李时珍和法拉第，不同时代，不同国籍，不同的研究领域，而他们成功的道路却是相同的——付出，执著地付出。付出心血和汗水，付出精力和智慧。当这种付出达到一定程度的时候，就一定能浇开成功的花朵。

上面这个语段所列举的事例比较全面，注意了时间、空间、领域的组合，作者在概括他们的共同点时即注意到了这一点。紧接着，从论点的角度出发，进行了探因究果的分析，最后总结，升华观点。

归纳论证是各类文章中最为常见的论证方法，引用实例来证明论点的这种论证方法有其认知上的根据，即在事物的认识过程中，某个论点、某种判断或某种道理的形成，是对大量事实做了归纳和概括的结果。归纳论证虽然是各类文章作者手中的“利器”，但并不是随意运用便能使文章中的论点、看法得到科学的证明。虚假的、粗疏的、非科学的“归纳论证”不仅使文章缺乏可信性，而且还常常表明在学风上存在问题。真正科学的、绝对可信的归纳论证只有一种，就是“完全归纳论证”。这种论证方法必须列举论点外延所包括的全部事实来作论据。但是，无论就认知过程或写作实践来说，“完全归纳论证”事实上往往难以实行。例如说“人类中的智能正常者能够学会并使用语言”，这一论点若要用“完全归纳论证”来加以证明，那就要收集地球上每一个正常人学会和使用语言的情况，这显然是难以做到的事。由于“完全归纳论证”的使用范围极为有限，所以真正在文章中可以使用的乃是“科学归纳论证”。这种论证方法不需要列举论点所涉及的全部事实，即使只举少量实例，如果能正确揭示论据与论点之间存在必然的因果联系，就可以证明论点的可信。下面都是些归纳论证的范例：

> 牛顿发明地心吸力学说的时候，全世界人反对他；哈费发明血液循环学说的时候，全世界人反对他；达尔文宣布进化论的时候，全世界人反对他；贝尔第一次造电话的时候，全世界人讥笑他；莱特初用苦功于制造飞机的时候，全世界人讥笑他。孙中山先生最初在南洋演讲革命救国的时候，有一次听的人只有三个。所以，我们不能被最初的失败打倒。

> 在美国大学，学期结束后，学生可将用过的旧课本回售给学校，学校又把这些旧教材廉价卖给新生，这样，一本课本，有时竟可以为几代大学生所用。在瑞士，不但回收牙膏壳、铝箔包装等，而且企业也指导用户如何处理产品旧包装，商店也鼓励顾客利用原有的瓶罐灌入新的清洁剂之类继续使用。日本有着久远的节约意识及节俭传统，当今日本人，更是从节省能源、资源再利用到居家生活中的精打细算都做得非常到位。所以，我们应该学习国外的这种资源循环利用的理念。

> 南朝的江淹由于缺乏恒心，落个“江郎才尽”的结局；幼时“指物作诗立就”的方仲永由于缺乏恒心，导致“泯然众人”的后果；家资殷盛的“田舍翁”之子由于缺乏恒心，闹出“奈何姓万”的笑话。所以，如果缺乏持之以恒的精神，就不可能取得成功。

> 孔子、司马迁、鲁迅之所以为千秋万代传诵，是因为他们为民族文化宝库增添了财富；屈原、岳飞、郑成功之所以载入史册，是因为

他们为中华民族留下了伟大的爱国精神；李自成、洪秀全、孙中山之所以名垂千古，是因为他们推动了历史的前进；蔡伦、祖冲之、毕昇之所以永远为人们纪念，是因为他们贡献了自己的聪明才智，在科学技术领域留下的发明创造，使后人享用不尽。所以，只要为人类进步做出重大贡献，就会流传千古。

回望人类发展史，当一个个新事物诞生的时候，遭受的几乎是同样的命运——怀疑和拒绝。当第一艘蒸汽船下水之时，人们讥笑说："这东西肯定动不了。"当第一辆火车登上铁轨时，人们讽刺它："这肯定还跑不过骡子。"当第一架飞机驶上天际之前，人们同样怀疑："人怎么可能飞上天呢？"但事实却一次次地向人们证明着，这一件件有悖常理的事物真实地存在着。

下面，我们从哲学这一更宽广的视点来探讨问题。苏格兰哲学家大卫·休谟在《人性论》中，以下面的方式提出这个问题：

不论我们多少次观察到白天鹅，都不能因此推断所有天鹅都是白色的，只要观察到一只黑天鹅就足以推翻前一个结论。

约翰·斯图亚特·密勒将其称为现在已经众所周知的"黑天鹅问题"。在休谟那个年代，由于弗朗西期·培根的努力，科学完成了从完全基于演绎推理，即根本不要求对真实世界做观察的经院哲学向天真的、没有章法的经验主义转轨。休谟对这种矫枉过正很是反感。培根反对那种很少能带来实际成果的"纺织学术蜘蛛网"的做法。由于培根的倡导，科学转向强调经验观察的作用。但问题在于，如果没有正确的方法，经验观察必然会把人引向歧途。于是休谟站出来反对这样的知识，他强调对知识的获得和解释需要一定的严谨性，这就是认识论。休谟是第一位现代认识论者。严格来讲，休谟发表过远比这差劲得多的言论。他是个顽固的不可知论者，绝不相信两个事物之间的联系确有可能被证实为因果关系。不过这并不妨碍我们要讨论的问题。

值得一提的是，金融界有它自己的“弗兰西斯·培根”，那就是维克多·尼德霍夫。他是站出来反对芝加哥大学“学术蜘蛛网”以及60年代有效市场信仰的第一人。与金融理论界经院派做法形成反差的是，他研究数据，寻找其中的不规则现象，而且找到了相当多，足够他成功地开展起以随机性研究为对象的职业，并写出一本见解深刻的书。从那以后，兴起了一整个行业，它的操作人员被称为“统计学套购者”，其中最有名和最成功的一些人起初都是经他培养出来的。虽然尼德霍夫受到了一次挫折，被媒体广为宣传，但他的一些弟子却做得不错，因为他们在自己的统计学推理中加进了严谨和方法论。换句话说，尼德霍夫的经验主义中正是缺少一点方法论。

有句经验之谈：车祸都在离家近的地方发生。那么我们可以取出事地点到驾车人住址之间的平均距离来做检验。比方说，自己见到的车祸，大约50%发生在离家10公里的半径之内。此时，一种天真的解释就会告诉你，在离家附近车祸的发生率要比在远处的车祸发生率高。这就是天真经验论的一个例子。为什么呢？这仅仅是因为人们总是出现在离家近的地方，所以就有更大的可能看到发生在离家近的车祸。

我们不应去提出一个本可测试而未经测试的命题，因为我们可以用数据去把一个命题证伪，但很难去证实它；我们可以用历史去驳斥一种猜想，但很难去确定它。比如下面这样一种说法：

> 在一个给定的三个月期限内，市场从来不会下跌20%。

这个说法是可以测试的，但即使被证实了，它也是毫无意义的。我们可以用找到反例的方法从量化的角度来否定这个命题，但我们决不能仅仅因为过去的数据表明在任何三个月的期限之内，市场从来没有下跌过20%就接受它。这就像黑天鹅问题一样。让我们来考虑下面这个论点：

甲:“天鹅没有黑色的，因为我观察过了成千上万只天鹅，没有找到一只是黑色的。”

乙:“你并没有观察过所有的天鹅，就算你观察过了现在世界上所有的天鹅，你也没有观察到将来出现的天鹅。所以天鹅不都是白色的。”

不管甲一辈子连续观察了多少种天鹅，今后还会观察到多少种天鹅，他从逻辑上不能得出自己的论点。而只要我们在采样中找到一只黑天鹅，我们就有可能得出论点乙。事实上，后来人们在澳大利亚发现了一种纯黑色的天鹅品种，论点甲已经被推翻了。在这两个论点之间有着强烈的不对称，这种不对称蕴涵于知识的基础之中，它在我们处理随机性的过程中也处于核心位置。

在归纳的时候，如果不使用逻辑方法去解释过去的资料，会出现什么问题，可以通过下面这个例子说明：

我刚刚对陈先生的生活做了一次全面的统计学检测。为期70年的将近几万次的观察结果显示，他一次也没有死过。这在统计学上很能说明问题，我由此可以宣布他是个永生不死的人。

这是很荒谬的。由此我们似乎可以得出这样的结论：科学不应该像它听起来的那样被认真对待。实际上有两种理论：

①众所周知的错误理论，这些理论已经经过检验并被充分摒弃。

②还没有被看出来是错误的理论，没有被证伪，但是面临被证伪的结果。

一个理论为什么不能永远是正确的呢？因为我们永远不会知道天鹅是否都是白色的，测试机制就有可能错误。理论是不能被证实的。过去的资料的确有不少优点，但它也有坏的一面，而这坏的一面就会坏事，所以我们只能是暂且接受一个理论。一个理论如果提不出在哪些条件下它会被认为是错误的，那么这个理论就可以被认为是骗术。为什么呢？因为一个占星术士永远都能找到一个适合用来解释过去事件的理由，他可以说，火星的位置可能是对的，但还是稍差一点。实际上，被爱因斯坦相对论证伪的牛顿物理学与占星术的区别就在于下面这个有讽刺意味的事实：牛顿物理学是科学，因为它允许我们在知道它错了的时候去把它证伪，而占星术不是，因为它拿不出可以让我们否定的条件。占星术由于有辅助假说掺和进来，所以没法被证明是错误的。这一点就是构成科学和胡说分界线的基础。

统计学的基础是，我们的认识总是随着信息量的增加而增加。我们应该拒绝盲目地接受这种观念。在有些情况下是这样的，可是我们不知道是哪些情况。不少有真知灼见的人，比如约翰·梅纳德·凯恩斯，他就独立地得出了相同的结论。在贬低卡尔爵士的人当中，有一些被泛称为贝叶斯概率主义者。他们相信，以有利的条件反复做同一个实验，我们最终会坦然地相信“这能行得通”。有些知识不会随着信息的增加而增加，但到底是哪些知识，我们无法确定。知识和发现对于处理我们已知的情况，比处理我们还不知道的情况更重要。

科学家有自己的相法，但又对自己的想法持高度批判的态度；为了确定他们的想法是否正确，他们首先试图确定自己是否有可能错了。提出大胆的设想，再用严格的措施力图驳倒自己的设想，这就是他们的工作。科学不过是个沉思的过程，是个形成设想的过程。

哲学家帕斯卡宣称，人类的最佳策略是相信上帝的存在。因为假如上帝存在，那么相信上帝的人就会得到回报。如果上帝不存在，那么信仰上帝的人也损失不了什么。与此相应的是，我们有必要在知识中接受不对称。有些情况下，利用统计学和计量经济学是有帮助的。所以，如果统计科学能够在哪些方面给我们带来好处，我们就用它；如果它带来某种威胁，那么我们就不用。我们要摒除过去资料中的危险成分，只利用它的精华。在此前提下，我们要利用统计学和归纳法来下富有进取性的赌注，但我们不应该利用它来对风险和资金进行管理。这是一种防范黑天鹅的措施，但很少有人能把它贯彻到实际生活中去。

8.4 什么是概率

“概率”，又称为“或然率”、“机率”、“可能性”等。我们在生活中经常遇到这个词语，它是一个在0—1之间的百分数，一般用来表示一个事件发生的“可能性有多大”。很多人因为不了解，认为概率是个“骗人”的东西，但其实概率是个严格的数学概念。

现实世界中大部分事件都并不是必然发生的，比如抛掷一枚普通的硬币会得到两种可能的结果：“正面朝上”和“背面朝上”，抛掷一个骰子则会得到六种可能的结果。受这种不确定性影响最大的是赌博业。因此研究事件发生不确定性的概率论，最早就起源于赌博问题。

17世纪的欧洲有个叫梅勒的人，他是一位军人、语言学家和古典学者，但同时也是一位很有名的赌徒。虽然他不是一个数学家，但他经常从数学的角度思考赌博中出现的一些有深度的问题。一次，梅勒提出了这样一个问题：

假设有两个赌博者甲和乙，两人各出30个金币作为赌金，然后各自选取一个点数，谁选择的点数首先被掷出3次，谁就可以赢得全部的赌金。甲选择了“5”，乙选择了“3”。在游戏进行了一会儿后，“5”出现了两次，而点数“3”只出现了一次。这时候，甲由于一件紧急事情必须离开，游戏不得不停止。他们该如何分配赌桌上的60个金币呢？

乙认为：既然掷出乙选择的“3”的次数是甲选择的“5”的一半，那么他该拿到甲所得的一半。因此他拿20个金币，甲拿40个金币。

然而甲认为：再掷一次骰子，对他来说最糟糕的事是他将失去他的优势，游戏变成平局，每人都得到相等的30个金币；但如果掷出的是“5”，他就赢了，并可以拿走全部的60个金币。换句话说，在下一次掷骰子之前，他实际上已经拥有了30个金币，并且他还有一半的机会赢得另外的30个金币。所以，他应该分得45个金币，乙分得15个金币。

梅勒无法解决这个问题，就写信把这个问题寄给了著名的数学家、物理学家帕斯卡。帕斯卡对此也很感兴趣，又写信告诉了著名的数学家费马。于是这两位伟大的法国数学家对这个问题开始了具有划时代意义的通信。在通信中，两人用不同的数学方法正确地解决了这个问题，由此创立了概率论。但关于这个起源还有另一种说法。

> 17世纪中叶，法国宫廷贵族里盛行着掷骰子游戏。游戏规则是玩家连续掷4次骰子，如果其中没有6点出现就算玩家赢，如果出现一次6点，则庄家赢。按照这一游戏规则，从长期来看，庄家扮演赢家的角色。后来为了使游戏更刺激，人们对游戏规则进行了一些改变：玩家用2个骰子连续掷24次，没有同时出现两个6点就算玩家赢，否则就算庄家赢。当时人们普遍认为，两次出现6点的可能性是一次出现6点的可能性的1/6，而投掷骰子的次数6倍于前一种规则，所以新规则的赢输可能性应该和旧规则相等。然而事实却并非如此，从长期来看，这回庄家处于输家的状态。

贵族们去请教帕斯卡，帕斯卡解决了这个问题，最终推动了概率论的产生。

随着现代科学的发展，人们很快注意到很多生物、物理和社会现象与赌博游戏之间有很大的相似性。于是本来只是用来解决赌博问题的概率论进入了自然科学领域，并取得了越来越大的成就。但是如何定义概率，如何把概率论建立在严格的逻辑基础上，这是概率理论发展的困难所在。

瑞士数学家伯努利建立了概率论中的第一个极限定理，阐明了事件的频率稳定于它的概率，使概率论正式成为数学的一个分支。随后，数学家拉普拉斯在总结前人工作的基础上，明确给出了概率的古典定义，并在概率论中引入了更有力的分析工具，使概率论成为了严谨的数学分支，对概率论的迅速发展起到了积极的作用。19世纪末，数学家们用分析方法建立了大数定律及中心极限定理的一般形式，科学地解释了为什么实际生活中遇到的许多随机变量近似服从正态分布。20世纪初受物理学的刺激，数学家们开始研究随机过程。现今，概率论已经成为科学大厦基础的一部分。甚至很多物理学家认为，这个世界就是由概率事件构成的。

如果我们说一件事情发生的可能性是50%，要怎么理解这个数字呢？“50%”这个数字表示事件发生的可能性大小，叫作该事件的概率。比如说“抛掷一枚硬币，正面朝上的概率是50%”。这是不是说，抛掷10次硬币，得到正面朝上的次数肯定是5次呢？不是的。事实上，抛掷硬币10次，正好5次正面朝上的概率只有不到25%；抛掷100次，正好50次正面朝上的概率只有不到8%；抛掷1000次，正好500次正面朝上的概率只有不到2.5%。因此我们说一件事情发生的概率是1/n，不是指n次事件里必有一次发生该事件，而是指此事件发生的频率接近于1/n这个数值。

如果我们把不计其数的一群猴子放在一些电脑前，让它们胡乱敲击键盘。只要时间足够长，猴子足够多，肯定会有一只猴子能打出一篇一字不差的《红楼梦》来。这是概率论里一个著名的“猴子理论”。这个故事背后要表达的是：无论一个事件发生的概率有多低，只要样本足够大，它就是能实际发生的。

这就使得我们思考这样一个问题：如果我们找到了那只打出《红楼梦》的猴子，你能肯定它下一篇会打出《西游记》来吗？当然不能肯定。可是现实生活中我们是怎么处理类似事件的呢？你认为已经完成了的业绩，对于预测未来能有多大帮助呢？做任何决策的时候，如果是以过去的业绩为根据，仅仅依赖于过去时间序列的一些属性，那么就会面临与此相同的问题。试想你是一个公司的老板，如果那只猴子带着它打出的《红楼梦》来应聘，你会因为这个“辉煌业绩”决定聘用它吗？

一般在做推论的时候会有个主要问题，就是那些以从数据中找出结论为职业的人，通常比其他人更快而且带着更强的自信落入陷阱。我们拥有的数据越多，就越有可能陷进去。在对概率法则似懂非懂的人们当中，以下面这种原则为基础来做决策的想法比较普遍：如果一个人的业绩以一种一贯的方式表现得相当出色，那么他肯定在哪些方面做得对路子，否则就是非常不可能的事。于是人们就格外看重优秀的业绩纪录，他们把这样的成功运营业绩作为判断的准绳，并且认为，如果某人过去比其他人做得好，那么在今后的日子里他比多数人做得好的可能性就很大。

我们不能否认，如果有人过去比众人都做得好，那么就可以推想他有能力在未来也做得好。但是在做决策的时候，这种推想的说服力有可能很弱。为什么呢？因为它完全取决于两个因素：他的职业中随机成分有多少，以及参与运作的“猴子”数量。初次采样的规模对结果关系极大。如果这场游戏中只有五只“猴子”，那么一个打出《红楼梦》的“猴子”应该被另眼相看；如果有数以亿计只“猴子”，那么就不用那么大惊小怪了。事实上，如果数以亿计的猴子中都没有全凭概率而打出一篇《红楼梦》，这反而是奇怪的。这个问题进入商业圈后所带来的恶果，比对其他行业更严重，因为它高度依赖随机性。从商的人数越多，就越有可能从中产生纯侥幸的大明星。但很少有人去数“猴子”的数目，以及市场中投资人的数日，以便计算出在一段市场历史和投资人数已经给定的条件下，成功运营的条件概率，而不是成功概率。

猴子问题还有其他一些方面的意义：在现实生活中，其他猴子是无法计数的，甚至有些是被隐没起来，我们无法看到的。因为败下阵去的人完全消失了，人们只看得到胜出者，所以人们看到的只是幸存者，也只有幸存者。这给人们留下了关于机遇的一种错误认识。人们就会只对概率做出反应，只对社会对概率的评价做出反应。就像我们从尼洛·杜立普身上所看到的那样，即使是受过概率训练的人，在社会的压力面前也会有不理智的反应。

下面列出的几个例子可以形象描述人们有时对概率存在的错误认识：

①买彩票。比如说双色球是 33 个红球中选择 6 个，再从 16 个蓝球中选择 1 个。计算可知一共有 17721088 种可能性。有人就认为，如果每次都买一个相同的号，一星期买三次，最晚可以在 17721088/（3 × 52）=113597 年后能获得头等奖。事实上这种理解是错误的，因为每次中奖的概率是相等的，中奖的可能性并不会因为时间的推移而变大。有些彩民热衷于分析以往的大奖数字，推测下一期大奖数字的可能性，这也是不懂概率论的表现。

②三门问题。这是个可以用来检验一个人是否真的懂概率的好问题。

美国某电视台举办了一个娱乐节目。在节目中，有三扇关闭的门，其中只有一扇门的后面有一辆汽车，其他两扇门后是山羊。参赛者任意选择一扇门，这扇门后面的东西就作为奖品送给参赛者。

现在参赛者已经选择了一扇门，但是主持人没有马上打开这扇门揭晓答案。主持人在没有被参赛者选择的另外两扇门中打开了一扇后面有山羊的门。现在主持人问参赛者，要不要改变主意，选择另一扇门，以使赢得汽车的概率更大一些？

如果你是参赛者，你选择换还是不换？

这个问题引发了很多人的争论。许多人认为剩下的两扇门都是1/2的概率，没有改变主意的必要；但是另一些人认为改变选择后赢得汽车的概率为2/3。双方各执一词，争论不休。正确的结论是，如果此时参赛者改变主意而选择另一扇关闭着的门，他赢得汽车的概率会增加一倍。也就是：不换，赢的概率是1/3；换，赢的概率是2/3。

实际上理解了概率，这个问题就是很简单的。当第一次选择A门的时候，A门后是汽车的概率是1/3，也就是说，奖品只有1/3的可能会在A门，2/3的可能在B门或C门。当主持人排除一个空门比如说B的时候，只剩下两个门。有些人认为A门的概率变成了1/2。实际上，剩下的C门虽然从表面上来看是1/2，实际上它会因为排除了B门而独占原来的2/3概率。

或者说，C门有两个概率，这个事件的两个阶段导致了这两个概率的产生，C门旧的概率是与B门合作的，即两门合计为2/3。而当B被排除后，C独占这个2/3的旧概率。这个问题的关键在于主持人并不是在剩下两扇门里随机打开一扇门，而是有选择地打开后面是羊的那扇门。这个人为的选择为C门提供了额外的信息。如果改变顺序，先由主持人打开一扇后面有羊的门，参赛者再在剩下的两扇门中选择，此时两扇门后有汽车的概率相等，因为主持人提供的信息由剩下的两扇门平分了。

但不懂概率论的人还是觉得无法接受这个结论。因此，人们做了很多模拟试验，得到的结果和概率理论的结果相同：选择换门的中奖概率确实是选择不换的两倍。如果你还是无法理解，试着看下面这个游戏：

在 54 张扑克牌里面选红桃 A。你先抽了一张牌，主持人在剩下 53 张牌中去掉不是红桃 A 的 52 张牌。现在你选择换还是不换？

选择不换，就是赌自己一开始就抽中了红桃 A；选择换，就是赌自己一开始没抽中红桃 A。这两种情况哪种更可能是一目了然的。

第九章

你是个讲逻辑的人吗

9.1 常见的逻辑错误

在这一节里，我们总结一下常见的逻辑错误类型。有些类型在前文中已经做过一些分析。这些错误的逻辑你有使用过吗?

（1）中项不周延

在三段论的两个前提中，必须至少有一个是全称的，因为它要有适当的范围来联结两个前提。如若不然，就会产生中项不周延的谬误。通俗一些，可以称之为牵连犯罪、以偏概全。我们来看下面的例子：

这里的有些小偷是河南人。

老陈是个河南人。

所以，老陈是小偷。

这是个错误的推理，并不能因为老陈是河南人，而河南人里有几个是小偷，就能得出老陈也是小偷的结论。这种情况下最多是猜测，但这并不是说我们就可以把自己的猜测作为真相来宣布。

（2）偷换概念

多义词或多义字，顾名思义，肯定不只有一个意思。多义词带来的潜在问题是模糊不清。如果我们有意无意地通过语言运用的方式产生了模糊不清，这无疑将产生谬误。谬误同时产生于当我们以欺骗为目的、故意使用多义词时。

老公:“都说男女平等，咱们家是不是也得平等平等?”

老婆:“行呀。你们男的欺负女的欺负了好几千年。我们也得欺负你们几千年然后再平等，这才是真正的平等呢。别急，再过几千年，咱们家就平等了。”

在讨论三段论时，我们知道要使论证有效，它必须且只能有三项。创造一个只包含三项的论证看起来似乎很容易，但是如果论证中某个项在使用时存在多种含义，错误就会变得难以发现。我们来看如下例子：

鬼是迷信的人所说的人死后的灵魂。

他目光闪烁，心里有鬼。

所以，他心里有人死后的灵魂。

在这里，“鬼”包含了两个不同的含义。在第二个前提中，它的意思是不光明的事物。有意使用多义词并不一定都是恶意的。通常这么做只是为了带来幽默的效果。

关爱他人是利他主义的标志。

老王是个博爱者。

所以，他是个利他主义者。

这个例子中多义的应用更微妙。“爱”，这个词的含义太过模糊，很多事情都可以归属于它。大前提给了一个合理的容易接受的关于爱的解释，它反映了传统的关于爱的定义，乐于对别人友善。而另一方面，小前提给我们关于爱的理解更粗俗。当我们说“老王是个博爱者”时，实际上可能是含蓄地在说，他是个花花公子，这和利他主义者是完全不同的两回事。因此结论显然不成立，老王的爱与利他主义者的爱可能根本不是同一个事物。

（3）稻草人谬误

论证中，我们要对事不对人，紧扣论证中给定的论点。在与他人辩论的过程当中，如果你为了削弱对方的论点而故意扭曲其论证过程，那就是犯了稻草人谬误。在这个比喻中，“稻草人”意味着容易对付的事物。当我们误解某个论证时，或是当一些论证非常复杂，我们在理解上犯了一些无意的错误时，这并不是稻草人谬误。稻草人谬误不是无心之失，它是在有意地歪曲别人的论点。

（4）压制理性

理想的论证是通过证据使人们认识到某些事物是真的。一个真正的论证者只会运用推理本身理性的力量。有些人喜欢诉诸粗暴的强制而不是理性来说服他人，人们可以因为被强迫而做一些不愿去做的事情，但是他们不能被强迫去想一些他们不愿去想的事情，真相不能以强制的方式传播。在论证中，高压政策的背后永远隐藏着危机。防民之口，甚于防川。人们只有在自由思考的时候才能接受什么是真，也只有在独立判断的时候才能确定什么是真。

老婆：“你为什么不给我打电话？”

老公：“倒打一耙！今天不是说好你给我打电话的嘛。结果我等了一天，还是我打给你的。”

老婆：“我是说过，可我又改主意了。张爱玲说：女人有改主意的特权。”

老公：“那你改主意没和我说？”

老婆：“我说了，我心里说的，谁让你和我心灵不相通的。”

那些在辩论中声音越来越高的人也是无意中犯了压制理性的错误。

（5）质的量化

我们通常用数量定语来表示质量，通过它可以带来可见的实践效益，但是我们同时要注意它的限制。比如人感受到热不热，就和温度、湿度、风力等很多因素有关。假设昨天的最高温度是39度，其他诸如湿度、风力等各有读数。

再假设今天温度和湿度都高于昨天，而且没有风。但是由于其他一些原因，今天并不感觉比昨天热。由于组成“热”的因素中，有几个指标今天高于昨天，所以大家会猜测可能今天会比昨天热，但是这种推测只能建立在数量可以完美地翻译为“质”的基础上。但事实并非如此，很多时候人的感觉与温度计读数的大相径庭就可以反映出这一点。

从最严格的意义上讲，“质”根本不可以被量化，因为如果质可以完美地用数量来表示，那么数量和“质”之间界限的基础就将消失。我们根据光波的波长来定义蓝色，但是当我们看到蓝色时，我们看到的不是光波，只是蓝色。数字的经验不等同于数字背后所代表质的经验。我们在纵容一种关于精度的假象，似乎只要质被量化了，我们就能更好地了解它。

很多重要的事物都不能定量地来衡量，或许我们可以说最重要的事物都不能。例如爱、美丽、善良、公正、自由、和平，等等。那我们如何衡量它们呢？它们有多重？速度是多少？试图将不需要量化的事物进行量化是一种错误的逻辑。

（6）出身论英雄

现在假设你是一个声誉斐然的公司的人事经理，作为工作的一部分，你对全国著名的大学和学院知之甚多，并且对毕业生的基本情况了如指掌。特别是，你知道甲学院的毕业生在这个领域内声名狼藉。目前，你的公司正在招聘一个重要的职位。在浏览候选人资料时，你扫到一个甲学院的毕业生，于是你立刻决定拒绝他进入下一轮，仅仅是因为他所毕业的学校。这个时刻，你已经产生了谬误。

这并不是说你的决定完全不合理。毕竟，以你对甲学院的了解，这个毕业生或许确实不是一名合格的人选。但这不是必然的，一颗闪亮的新星是可能出自于类似甲学院之类的学校的。你所犯谬误的根源如下：知道一个来源一般是坏的，于是认定出自这个来源的所有都是坏的。这并不必然成立。

考虑我们所考察的人或事的出身肯定是必要的，但是我们必须走得更远。更关键的问题是：他的品质如何？

（7）止于分析

因为我们天生是分析动物，喜欢分解事物，即使不在物理结构上，也会在精神上分解，以便完全了解它们。但是分解只能针对合成的产物，而且仅仅分解是不够的，我们还要能把它们重新组合成整体。

小于喜欢拆钟表。他可以把任何钟表顺利地拆开，但是不能把拆散的零件再重新组装成完整的钟表。通过这点，我们可以自信地得出结论：实际上小于对钟表的了解并没有那么多。他可以分拆，但不能组合。

分析的目的，并不是简单地知道事物是由哪些部分组成的，而是要弄清楚这些组成部分是如何相互联系，相互作用，最终组成一个整体的。用纯粹的数量学术语来说，就是整体大于部分的总和。如果你已经充分了解了事物的本质，那么将分解的时钟零件相应组合起来，仍将是时钟。

（8）简化主义

如之前所述，一个整体大于其组成部分的总和。例如，人的身体可以根据化学元素被分解，但是如果声称人的身体等同于一堆化学元素，那将是对最简单的推理的盲从，是一种简化主义谬误。

这种谬误发生于当我们选择性地只对整体的一部分加以关注之时。例如，当我们只把精神放在一个人的缺点上，并因此认为我们已经完全了解了这个人的本质时，这个谬误就正在发生作用。

（9）分类错误

如果人类天生是分析动物，那么人类同时也天生是分类动物。我们经常会将一个事物放入某个和它有某方面共同点的一个大类中，以此来加深对事物的了解。如果我们对事物进行了错误的分类，例如把蝙蝠当成鸟类，可能会带来严重的认识错误；图书馆中，一本书的错误分类可能导致几年的遍寻不果。将事物归入错误的类别是因为我们最开始就没有正确认识它们，而没有正确认识的原因是我们散漫的态度。

（10）两难陷阱

英语中的进退两难来自于希腊语的两个单词，翻译过来就是“两种可能”的意思。生活中确实存在“或者”的情况，也就是说，有且仅有两个选项可供我们选择。相对的，也存在有很多选项可供我们选择的情况。

老婆：“咱们要个孩子吧。”

老公：“行。”

老婆：“那你喜欢咱们的孩子吗？”

老公：“喜欢。”

老婆：“那不行！你就得喜欢我一个人！”

老公：“好，好，就喜欢你一个人。”

老婆：“那我的孩子你凭什么不喜欢啊！”

老公：“咱们……还是别要孩子了。”

老婆：“你看，那女孩多好看。”

老公：“好看什么呀。”

老婆：“你什么意思！你为什么不和我保持一致！”

老公：“好看好看。”

老公：“哎，你别走啊，怎么不理我了？”

以上是最近比较流行的生活中关于夫妻对话的调侃笑话，这就是典型的“两难逻辑陷阱”。

在很多时候，“两难陷阱”是个假象。当问题实际上有很多选项时，却试图说服你只有两种。这里的进退两难是假象，因为它是对真实情况的扭曲反映。这种谬误试图对听众造成情况紧急的假象，强迫他们在假象制造者所给的选项中做出选择。当两个选项都没有特别的吸引力时，这种紧迫感的制造尤其重要。假设他给你两个选项 A 和 B，并希望你选择 A。他会这样向你宣传：“A 确实不是个令人愉快的选择，但另一个选项 B 将会更加糟糕。”

（11）情感误导

当我们选择性地忽略一些与我们的信仰相抵触的重要信息时，我们就犯了情感误导谬误，导致的结果就是对所讨论问题的严重扭曲。

> 你要写一部关于你母校的历史。你热爱你的母校，把在校园的日子视为你一生中最美好的时光，你想在你的作品中向人们证明你的母校是全国最好的学校之一。但是，研究得越深入，你越发现母校过去的历史并不是那么令人满意。但你仍不改初衷，所以在写作的时候，你决定剔除所有母校历史上的负面新闻，只反映它光辉的一面。

这时，你就犯了情感误导谬误，你在书中所描绘的学校的面目已经被严重扭曲了。

（12）功利误导

效果不能单独确定一个行为的价值。当我们仅仅注重于一个方法对想要得到此结果的作用，而不考虑其他方面时，我们就犯了功利误导谬误。仅仅看到目标是不够的，但那经常是我们所关注的全部。问题是：我们是如何达到目标的?

当我们利欲熏心，为达目的不择手段时，就犯了功利误导谬误。操纵这种谬误的态度是：我只要成功，如何取得成功并不重要。

（13）简化推理

有时我们受简单化的驱使，黑白不分，那是因为生活的复杂性淹没了我们。但是，通过对复杂现实的简单扭曲来达到简化的目的，同样是不合逻辑的反应。过分简化的结果往往是扭曲现实。

> 我们在做一些消息发布或演说报告时，有些听众将其接受能力局限在自己想听的东西上，另一些人只喜欢简单的答案，这往往是愤世嫉俗者的特点。不要告诉听众他们想听到的，要告诉他们真实的。不要对他们假言欺骗。

无论现实是光明，还是黑暗，或者是灰色的，都要实话实说。可能听众不能立刻欣赏你的坦白，但是在经过长时间的历练之后，他们会发现，他们必须面对的只能是现实。

（14）推诿抵赖

拒绝对自己的错误承担责任或表示悔过，用种种方法推诿、抵赖，变“过失”为“评功摆好”，不是不公开错误，而是在积极准备公开错误。在过失和错误无法否认的时候，强调改正错误的“决心”和“能力”，不但没了缺点，而且反而增加了优点。

（15）数字简化：

这是一种“你不需要多想，只要记住几点，能照样重复就可以了”的宣传手段。它“化繁为简”，使得信息简单化，易学易记，很容易扩大宣传范围。故而这种手段多见于宣传口号中。

“1号店”

“二维网”

“3D电影”

但它也有一个致命的弱点，即有时候大家记住的只是一个数字符号，却很难记住这个数字符号代表着什么。

9.2 逻辑能力小测试

过去的经济学家，包括研究对策论的人，都简单假定人是理性的。而最近一段时间，人们开始关注和研究人的非理性。在承认人有非理性因素的基础上，我们进一步可以说不同人的“理性程度”是不同的。比如说，程序员可能就比画家要理性一些。那么有没有一个办法，可以简单方便地测量一个特定人群的理性程度呢？比如我说物理系的学生比英语系的学生更理性，有什么办法可以证明这一点呢？

一群经济学家为此设计了一个小实验，这个实验可以被用来作为一个简单的，而且是量化的，测量一群人聪明理性程度的办法。

> 1987年的某一天，伦敦《金融时报》刊登了一个很怪异的竞赛广告。这个广告要求参与者寄回一个0—100之间的整数。获胜条件是你选择的这个数，最接近全体参与者寄回的所有数的平均值的2/3。获胜者将获得两张伦敦飞往纽约的飞机头等舱往返机票。

在往下看之前，大家不妨先想想如果你参加这个竞赛，你会选择0–100之间的哪个数字呢？

这个游戏的独特之处在于你必须考虑其他参与者是怎么想的。首先，你可能假定人们都是随机地选择一个数字寄回，这样的话平均值应该是50，那么最佳答案应该是50的2/3，也就是33。但你应该想到，别人也会像你一样想到33这个答案，如果每个人都选择了33，那么实际的平均值应该是33而不是50，这样最佳答案应该修改成33的2/3，也就是22。那么别人会不会也想到这一层，都写22呢？那么最佳答案就应该是15。可是如果大家都想到了15这一层呢……

这样一步步地分析下去，如果所有人都是绝对地理性，那么所有人都会做类似的分析，最后最佳答案必然越来越小，以至于变成0。鉴于0的2/3还是0，所以0必然是最终的正确答案。但问题在于，如果有些人没有这么理性呢？如果有些人就是随便写了个数呢？

刊登这个广告的其实是芝加哥大学的一个经济学教授。他收到的答案中，的确有些人选择了0，但更多的人选择了其他的数字。最后得到的平均值是18.9，选择了数字13的人成为人获胜者。

这个实验的意义就是要说明，很多人是不那么理性的，这个实验也可以用来测量一群人的理性程度。平均值越小，说明参与测试的人越理性。你刚才选择了哪个数字呢？

对于日常非博弈的情况，理性的行动者总是最大化自己的利益而制定策略。

博弈思维法就是在做决策之前，要考虑自己的行为对他人的影响，以及他人的行为对自己的影响。博弈思维的前提之一是绝对理性人假设，也就是参与游戏的人全部都是绝顶聪明的人。

博弈方法是逻辑思维方法中比较复杂、难以把握的方法。由于竞争双方都在进行博弈，所以这种竞争的结果不仅依赖于自己的抉择，也依赖于参加竞争的所有人的行为。一旦实施，不论对错都无法挽回，只有一拼了。博弈方法需要借助于一定的心理分析。

你喜欢下棋吗？当你下棋的时候，是不是非常希望取胜？于是，在下棋过程中，你常常为一招棋冥思苦想，最后做出决策。也许你不知道，就在你冥思苦想要走出一招好棋的过程当中，实际上就包含着“博弈论”。也就是说，每走一步棋，你的脑海中必然想了好几种方法，同时，你会考虑你走了这步之后，对方会怎样应付，然后你是否还继续占有优势。你的大脑快速运转，比较了你想到的每一种方法的优劣，最终选择一种你认为最好的办法，这就是博弈思维法。

在博弈论中有一个经典案例“囚徒困境”，说的是两个囚犯的故事。这两个囚徒一起做坏事，结果被警察发现抓了起来，分别关在两个独立的不能互通信息的牢房里进行审讯。在这种情形下，两个囚犯都可以做出自己的选择：坦白交代或保持沉默。

两个囚犯都知道，如果他俩都保持沉默的话，就都会被释放，因为只要他们拒不承认，警方是无法给他们定罪的。但警方告诉他俩，如果他们中的一个人坦白了，即告发他的同伙，那么他就可以被无罪释放，同时还可以得到一笔奖金。而他的同伙就会被按照最重的罪来判决。并且为了加重惩罚，还要对他施以罚款，作为对告发者的奖赏。当然，如果这两个囚犯都选择坦白的话，两个人都会被按照最重的罪来判决，而且谁也不会得到奖赏。

这两个囚犯该怎么办呢？是选择坦白还是沉默？

"囚徒困境"中的目标是最大限度地减少自己的痛苦和损失。从表面上看，两个囚犯应该互相合作，保持沉默，因为这样他们都能得到最好的结果：自由。但他们不得不仔细考虑对方可能采取什么选择。囚犯甲不是个傻子，他马上意识到，他根本无法相信他的同伙。同伙很有可能会向警方提供对他不利的证据，然后带着一笔丰厚的奖赏出狱而去，让他独自坐牢。他也会意识到，他的同伙同样会这样来设想他。

通过各种分析，囚犯甲的结论是，唯一理性的选择就是坦白交代，把一切都告诉警方，因为如果他的同伙保持沉默，那么他就会是带着那笔奖金出狱了。而如果他的同伙也根据这个逻辑向警方交代了，那么，囚犯甲反正也得服刑，起码他不必在这之上再被罚款。所以其结果就是，这两个囚犯都会不顾一切地做出选择：坐牢。

其实，一个人的思维决策过程一般分为三个阶段。

①分析阶段。遇到一个问题后，每个人的分析方法和结论都会有所不同，这和每个人的知识面以及是否善于多角度看问题的习惯有关。比如有些人对知识有专攻，有些人对问题相对有想象力，有些人因为不了解相关专业而根本无从下手。还有些人习惯片面看问题，或者喜欢单刀直入。相对来讲，行动派的人或者感性的人看问题更容易片面，不善于多角度分析。因此在第一阶段，我们就应该尽量采取多角度的分析方法。这个阶段决定了我们对问题的了解程度，即宽度、深度和精确度。

②逻辑阶段。由第一阶段分析得出的各个要素，必须清晰地厘清各自之间的逻辑关系。这里面有先后因果关系、主次关系、矛盾关系等。这种逻辑能力和一个人的经验以及是否具备正确的逻辑知识有关。有些人逻辑混乱是和经验有很大关系的。这个阶段很重要，清晰的逻辑等于把前期分析要素做了轻重缓急的标志。

③抉择阶段。这个阶段其实是对解决问题的行动计划步骤实施或放弃。这里需要果断的取舍能力，还需要有很强的行动原则作为习惯。当然，如果没有前一阶段清晰正确的逻辑，仅仅有果断的勇气，只会错得更多。

思路不清晰的人可能会在某个阶段非常强，但又会在某个环节非常弱。一般来讲，这是个短板问题，只要有一个阶段不足，就会让你的思维决策能力大大受损。有些人大家会评价其能说会道，分析问题深刻，但是做起事来很失水准。其实这种人虽然在第一阶段有很强的分析能力，让人刮目相看，但是在第二阶段缺乏清晰的逻辑能力，再加上第三阶段没有果敢的性格，最后还是无法在实践中很好地解决问题。

齐国的大将田忌很喜欢赛马。有一回，他和齐威王约定进行一场比赛。他们商量好，把各自的马分成上、中、下三等。比赛的时候，上等马对上等马，中等马对中等马，下等马对下等马。由于齐威王每个等级的马都比田忌的马强一些，所以比赛结果总是田忌失败。田忌觉得很扫兴，垂头丧气地离开赛马场。路上，他遇到了好友孙膑，就向他诉苦，说了赛马的整个过程。

孙膑说："你很想赢吗？我可以帮你。"

田忌听了很高兴，就问孙膑："太好了，可是我去哪儿换马呢？"

孙膑摇摇头说："你一匹马也不需要更换，我自有办法。"

齐威王得胜了，正在得意洋洋地夸耀自己的马匹，看见田忌陪着孙膑迎面走来，便讥讽地说："怎么，莫非你还不服气？"

田忌说："当然不服气，咱们再赛一次！"

齐威王很痛快地答应了。一声锣响，比赛开始了。孙膑先以下等马对齐威王的上等马，第一局输了。第二场比赛，孙膑拿上等马对齐威王的中等马，获胜了一局。第三局比赛，孙膑拿中等马对齐威王的下等马，又胜了一局。这下子，齐威王目瞪口呆。比赛结果是三局两胜，当然是田忌赢了齐威王。

孙膑之所以可以赢得比赛，是因为他的思路非常清晰。首先在分析阶段，他了解到齐威王之所以每场都赢，是因为他每个级别的马都比田忌对应级别的马好，而每个级别之间相差比较大。也就是说，齐威王的上等马无疑比田忌的上等马好，但齐威王的中等马就比不过田忌的上等马了。有了这个分析结果，加上比较马匹质量的逻辑分析阶段，最后孙膑在抉择阶段选择调换马匹的出场顺序，从而赢得了比赛。这就说明了掌握思维决策过程的重要性。

下面我们来做一些自我测试，看你的逻辑思维能力如何。

（1）第一个教授

某学校开了一门逻辑课，期末的时候，教授想了一个有趣的考试来检测学生们的学习情况。他找了红、黄、蓝三个盒子，在其中一个盒子中放了一张红纸，然后在每个盒子上写了一句话。他把所有的学生叫过来，只要推理出哪个是红纸所在的盒子，就算他通过这门课的期末考试了。

三个盒子上的话如下：

红盒子：红纸在这只盒子里。

黄盒子：红纸不在这只盒子里。

蓝盒子：红纸不在红盒子里。

教授告诉学生，这三个陈述中最多只有一句是真话。学生该选哪只盒子？

第二个学期的时候，教授换了考试的内容。这次他在盒子上写了如下的三句话：

红盒子：红纸不在黄盒子里。

黄盒子：红纸不在这只盒子里。

蓝盒子：红纸在这只盒子里。

教授告诉学生，这三个陈述中至少有一句是真话、至少有一句是假话，红纸藏在哪只盒子里？

（2）第二个教授

第一个教授的考试方法流传了出去，很多学校的教授觉得这种考试方法很有趣，纷纷效仿。有所学校的教授也找了三个盒子，把红纸放在其中一个盒子里，但是在每个盒子上写了两句话。

三个盒子上的话如下：

红盒子：①红纸不在这里。

②红纸上画了一幅画。

黄盒子：① 红纸不在红盒子里。

② 红纸上一片空白。

蓝盒子：① 红纸不在这里。

② 红纸其实在黄盒子里。

教授告诉学生：每只盒子上都至少有一句话是真的。红纸藏在哪只盒子里呢？

第二个学期这个教授又选了另外三只盒子，每只盒子上还是写有两句话：

红盒子：① 红纸不在这只盒子里。

② 它在黄盒子里。

黄盒子：① 红纸不在红盒子里。

② 它在蓝盒子里。

蓝盒了：① 红纸不在这只盒子里。

② 它在红盒子里。

教授告诉学生：有一只盒子上的两句陈述都是真话，有一只盒子上的两句都是假话，第三只盒子上是一真一假。红纸藏在哪只盒子里？

（3）第三个教授

这所学校的教授有男女两个助教帮他写盒子上的句子，这个教授事先告诉学生：男助教总会写真话，女助教总会写假话。

这个教授也找了三只盒子，但是里面放的不是红纸了，而是一张白纸。三只盒子中只有一只盒子里有白纸，学生只要挑出一只没有放白纸的盒子就算通过。三只盒子上写的话如下：

红盒子：白纸在这只盒子里。

黄盒子：这只盒子是空的。

蓝盒子：这三只盒子上的话最多有一句是男助教写的。

教授什么也没说，学生该选哪只盒子呢？

第二次，教授只用了两只盒子，一红一黄，其中一只里放有红纸。盒上分别写着：

红盒子：红纸不在这里。

黄盒子：这两只盒子中只有一只盒子上的句子是男助教写的。

学生该选哪只盒子？

第三次，教授用到了三只盒子，红纸装在其中的一只盒子里。盒子上面写的话如下：

红盒子：红纸在这里。

黄盒子：红纸在这里。

蓝盒子：这些盒子上至少有两句是女助教写的。

学生该选哪个？

（4）第四个教授

这个教授最聪明，他用了一个很简单的方法来考他的学生。

只有一黄一红两只盒子，其中一只盒子里有教授放的红纸。盒子上写的话如下：

红盒子：红纸不在这里。

黄盒子：这两个盒子上写的话只有一句是真话。

这位教授教的最聪明的一位学生就这么推理开了：如果黄盒上的陈述真，这两个陈述中就只有一句真话，这意味着红盒上的陈述必定假；反之，假定黄盒上的陈述假，红盒子的话就不能是真话。可见不管黄盒上的陈述是真是假，红盒上的陈述必定假。所以，红纸必定在红盒里。

于是，那位学生得意洋洋地说道："我知道了，红纸必定在红盒子里！"一面揭开了盖子。没想到红盒子里竟然空空如也！教授笑了笑，得意洋洋地打开黄盒，红纸原来放在了这里。这是怎么回事呢？是学生的推理出了问题？还是教授故意骗了学生？

就在学生摸不着头脑的时候，教授说话了："看来你的推理没有帮上你的忙，不过我觉得你还是很有潜力的，所以我再给你一次机会。"说着，他又摆出另外三只盒子，并告诉那位学生：其中一只盒子里有张白纸，另外两只盒子是空的，学生只要选出一只空盒子就过关了。三只盒子上各写着如下的句子：

红盒子：白纸在这只盒子里。

黄盒子：这只盒子是空的。

蓝盒子：这三个陈述中最多只有一句是真话。

（把这道题跟上面第三个教授的第一道题比较一下吧，看上去是不是完全一样的题呢？）

这次学生推理得更加细心了：假定蓝盒子是真话，那么另外两只盒子写的肯定是假话，这样白纸就在黄盒子里。反之，如果蓝盒子是假话，那就至少得有两只盒子写的是真话，因此红盒子和黄盒子都是真话，白纸就在红盒子里。无论哪种情况，蓝盒子肯定是空的。

于是，学生信心满满地打开了蓝盒子，可是白纸竟然在它里头！教授笑嘻嘻地打开另外两只盒子，果然都是空的！

这到底是怎么回事呢？这位教授在骗人吗？

解答：

（1）第一个教授

红盒与蓝盒上的陈述正好相反，其中必定有一个是真。既然这三个陈述当中最多只有一个真，黄盒上的陈述就是假的，可见红纸实际上是在黄盒里。

当然这道题也可以用另一种方法来解。假使红纸在红盒里，就会有两个真陈述（即红盒与黄盒上的陈述），与预定条件矛盾。假使红纸在蓝盒里，又会有两个真陈述（这次是蓝盒与黄盒上的）。所以，红纸只能在黄盒里。

这两种方法都正确。可见，在很多问题上可以有几种正确的办法得出同一结论。

第二个学期：

假使红纸在蓝盒里，三个陈述统统真，与预定条件矛盾。假使红纸在黄盒里，三个陈述统统假，又与预定条件矛盾。所以，红纸只能在红盒里。（因此前两个陈述真、第三个陈述假，这与预定条件是一致的。）

（2）第二个教授

蓝盒可以立即排除，因为假使红纸在它里头，它上面的两个陈述就都成了假的。这样看来，红纸或者在红盒里或者在黄盒里。可是，红盒与黄盒上的陈述①是一回事，或者都真，或者都假。如果都假，相应的两个陈述②理应都真，但它们却不可能都真，因为它们是互相矛盾的。所以，这两个陈述①都真，红纸不在红盒里。这证明红纸是在黄盒里。

第二个学期：

如果红纸在红盒子里，红盒与黄盒上就各有两个假陈述。如果它在黄盒里，黄盒与蓝盒上就各有一真陈述又各有一假陈述。所以，红纸是在蓝盒里。（因此黄盒上有两个真陈述，蓝盒上有两个假陈述，红盒上一真一假。）

（3）第三个教授

假定蓝盒子上的句子是男助教写的，也就是真话，另外两只盒子就只能是假话。这意味着黄盒上的陈述假，白纸该在黄盒里。可见，如果蓝盒子上的话出自男助教之手，白纸是藏在黄盒里的。

假定蓝盒子上的句子是女助教写的，也就是假话，那么至少有两只盒子是真话。这意味着红盒子与黄盒子都是真话（因为蓝盒子是女助教写的）。既然如此，白纸是在红盒里。

无论哪种情况，白纸总不会在蓝盒里。所以，学生该选蓝盒子。

第二次：

如果黄盒子上的句子是男助教写的，它上面的陈述就是真的，在这种情况下，红盒子写的就是假话。假定黄盒子写的是假话，“只有一只盒子上写的是真话”就不合事实。这等于说红盒也是假话。由此可见，不论黄盒是真话还是假话，红盒子都是假话。所以红盒上的陈述是假的，其实红纸是在红盒子里。

第三次：

假定蓝盒子上的句子是女助教写的，这意味着至少要有两句是真话，那只能是红盒与黄盒，但这是不可能的，因为红纸不会既在红盒里又在黄盒里。由此可见，蓝盒子写的是真话。既然假话至少要有两句，就说明红盒与黄盒都是假话，因此红纸既不在红盒里又不在黄盒里。所以，红纸是在蓝盒里。

（4）第四个教授

有个道理要先说明白：如果对一句话的真假不给出任何信息，对各句话真假的关系也不给任何信息的话，那盒子上写的是什么就完全无所谓了。比如我可以摆出很多的盒子，把红纸放在其中一只盒子里，再随便瞎写些什么句子在盒子上。这样这些句子就根本不会传达任何信息。

这个教授其实并没有撒谎，因为他只告诉了学生一点，就是某只盒子里装有红纸或者白纸，而这一点确实是事实。那学生的推理到底错在什么地方呢？其实学生错就错在他假定了每个句子必定是真话或者假话。为了更好地理解这一点，我们先看这个教授第一次出的题。红盒子上写的句子“红纸不在这里”当然是或真或假的，因为红纸要么在红盒子里要么不在红盒子里，没有其他情况。就实际情况来说，它是真话，因为教授确实是没有把红纸放在红盒子里。那黄盒子上的那句话是真话还是假话呢？答案是“既不是真话也不是假话”。因为对这个陈述，不论假定它是真话还是假定它是假话，总会引起矛盾。

再把这道题跟第三个教授的第二题做个对比，你会理解得更深刻一点。那道题也是用两只盒子，红盒子上的话一样，都是“红纸不在这里”。可是上一题里，黄盒子上不是说“这两个盒子上写的话只有一句是真话”，而是说“这两只盒子中只有一只盒子上的句子是男助教写的”。也许你会奇怪：既然男助教只会写真话，这两个陈述之间并没有什么区别啊？尽管很细微，但其实这两个陈述是有质的差别的。

“这两只盒子中只有一只盒子上的句子是男助教写的”这句话是在描述有关物理世界的历史性的陈述，要么确实男助教只在其中一只盒子上写了一句话，要么不是这样，这句话要么是真话，要么是假话。假如在第三个教授的那道题里，红纸最后发现是装在黄盒子里而不是在红盒子里的话，你会做什么结论呢？说黄盒子上的“这两只盒子中只有一只盒子上的句子是男助教写的”这句话既不真又不假吗？明显不能。你能得出的正确结论是，如果红纸是在黄盒子里，那么那个教授是在骗学生。与此相反，第四个教授可以把红纸放在任何一个盒子里，因为关于盒子上各句子的真假，他什么也没说过。

我们再考虑第三个教授出的题，教授事先告诉学生：男助教总会写真话，女助教总会写假话。现在你看到盒子上写着这么一句话“这句话是女助教写的”。那么这句话是谁写的？如果是女助教写的，她就在盒子上写了真话，这不可能；如果是男助教写的，盒子上的句子就是假话，这也不可能。那么，这句话究竟是谁写的呢？

这回你可不能说盒子上的那句话是没有意义的了，因为“这句话是女助教写的”是在陈述一个明确的事实：如果这句话是女助教写的，盒子上的话就是真的；如果不是，盒子上的话就是假的。那么这究竟是什么原因呢？

原因当然是题中给的信息有矛盾。因为如果两位助教真的遵守教授所说的那种规则的话，这种句子是不会出现的。如果真的出现了有这句话的盒子，就意味着要么有位助教没有遵守规则，要么就是教授没有说真话。

参考文献

[1] 理查德 · 保罗，琳达 · 埃尔德 . 思考的力量 [M]. 上海：格致出版社，上海人民出版社，2010.

[2] 史蒂芬 · 雷曼 . 逻辑的力量 [M]. 北京：中国人民大学出版社，2010.

[3] 约翰 · 杜威 . 我们如何思维 [M]. 北京：新华出版社，2010.

[4] 谷振诣，刘壮虎 . 批判性思维教程 [M]. 北京：北京大学出版社，2006.

图书在版编目(CIP)数据

男人，一定要讲逻辑/于雷著. -武汉：武汉大学出版社，2014.10（2019.8重印）

ISBN 978-7-307-10456-3

Ⅰ. 男…　Ⅱ. 于…　Ⅲ. 逻辑思维-训练　Ⅳ. B80

中国版本图书馆CIP数据核字(2012)第022525号

责任编辑：王清艳　责任校对：刘延姣　版式设计：文豪设计

出版发行：**武汉大学出版社**（430072 武昌 珞珈山）

（电子邮箱：cbs22@whu.edu.cn 网址：www.wdp.com.cn）

印刷：阳谷毕升印务有限公司

开本：710×1000 1/16　印张：16　字数：250千字

版次：2014年10月第1版　2019年8月第2次印刷

ISBN 978-7-307-10456-3　定价：48.00元
